O silêncio na formação dos contratos

PROPOSTA, ACEITAÇÃO E
ELEMENTOS DA DECLARAÇÃO NEGOCIAL

T966s   Tutikian, Priscila David Sansone
        O silêncio na formação dos contratos: proposta, aceitação
e elementos da declaração negocial / Priscila David Sansone
Tutikian. – Porto Alegre: Livraria do Advogado Editora, 2009.
        150 p.; 23 cm.

        ISBN 978-85-7348-578-3

        1. Silêncio: Direito civil. 2. Declaração da vontade. I. Título.

                                CDU – 347.442

                Índices para catálogo sistemático:
        Silêncio: Direito civil   347.442
        Declaração da vontade   347.442

Priscila David Sansone Tutikian

O silêncio na formação dos contratos

PROPOSTA, ACEITAÇÃO E
ELEMENTOS DA DECLARAÇÃO NEGOCIAL

Porto Alegre, 2009

© Priscila David Sansone Tutikian, 2009

Capa, projeto gráfico e diagramação
Livraria do Advogado Editora

Revisão
Betina Denardin Szabo

Direitos desta edição reservados por
Livraria do Advogado Editora Ltda.
Rua Riachuelo, 1338
90010-273 Porto Alegre RS
Fone/fax: 0800-51-7522
editora@livrariadoadvogado.com.br
www.doadvogado.com.br

Impresso no Brasil / Printed in Brazil

Ao Cris,
ao pai e à mãe.

Agradecimentos

Expresso meus sinceros agradecimentos à Professora Doutora Judith Martins-Costa, minha orientadora no Curso de Mestrado em Direito da Universidade Federal do Rio Grande do Sul, pelos subsídios teóricos que fundamentam e alicerçam o texto que se segue, pela profunda e estimulante orientação, pela compreensão e pela amizade. Seu modelo e sua garra, no conceito mais amplo que essas palavras possuem, como jurista, advogada, mulher adaptada à vida moderna – incluindo os "bate-papos pelo Skype"... muito me inspiram.

Agradeço também aos meus sócios e colegas do Veirano Advogados, especialmente a minha grande amiga Fernanda, ao Cláudio e ao Jorge, pela ajuda direta e fundamental na construção do caminho todo. Em nome desses, agradeço a todos os demais, que sabem terem oferecido, nos momentos tantos, sua especial contribuição: muito obrigada.

Não posso deixar de registrar um agradecimento especial ao Professor Doutor Adalberto Pasqualotto, que, desde os bancos do curso de graduação, nunca deixou de me orientar no Direito e em minha vida acadêmica.

Agradeço também a todos os meus queridos amigos e amigas, parceiros de todas as horas, que deixo de nomear para, sem fugir do clichê, não cometer injustiças, os quais muito me ouviram falar a respeito e pouco me tiveram disponível durante a execução desta obra, pela compreensão, pela força nos momentos mais difíceis, pela confiança e pelo indispensável estímulo.

À Rebeca, querida, e à Jane, minha, também querida, sogra, pela incansável e infindável ajuda.

Agradeço, ainda, e muito, ao meu pai e a minha mãe, por tudo, pela catalogação dos artigos que utilizei ao longo da bibliografia, pelas idas corridas às bibliotecas, pela compreensão quando ela se fez necessária, enfim, pela vida, pelo apoio e pelo amor incondicional.

Agradeço também aos meus demais familiares, ao meu sogro, não me esquecendo da minha avó e do meu avô, que importante papel desempenharam na minha vida e, em especial, desde os idos da seleção para ingresso no Mestrado.

Por fim, agradeço a quem não tenho palavras para agradecer: meu marido, por tudo. Por possibilitar que minha vida seja tão boa quanto é, pelas noites sem dormir, pelos finais de semana comprometidos, pelo amor, pelo amor...

Graças ao apoio de todos os que aqui referi, o que um dia foi apenas um sonho, tornou-se realidade.

Surge um silêncio, e vai, da névoa ondeando os véus,
Primeiro um movimento e depois um assombro.

Fernando Pessoa, "Mensagem"

Prefácio

Tanto o som quanto o silêncio requerem o ouvido, observou Jorge Luis Borges em um dos seus mais iluminantes poemas.[1] A existência de um mesmo ouvido não iguala, porém, som e silêncio, a palavra carregando primordialmente a força expressiva que nos torna seres comunicáveis – ou, ao menos, dotados de uma *pretensão à comunicação*. Isso não obstante é o silêncio também uma linguagem. No sentido proposto por Walter Benjamin, é linguagem toda a comunicação de conteúdos espirituais, a comunicação pela palavra não sendo mais que um caso particular de linguagem.[2]

Mas se a linguagem é a comunicação de conteúdos espirituais e o silêncio é uma forma de linguagem, o que comunica o silêncio?

A resposta a essa pergunta pode ser ensaiada desde múltiplos pontos de vista, sendo um problema central da Teoria da Linguagem e, portanto, da própria Ciência. A perspectiva neste livro desenvolvida tem como chão o terreno firme da Dogmática jurídica. Cabe a esta se ocupar dos significados jurídicos do silêncio, forma de linguagem por vezes dotada de dura performatividade, tendo a força de cadeias que constringem a uma obrigação, por outras sendo irrelevante e, assim, devendo ser atirada para o multifário campo do não-Direito.

Explanar a eficácia jurídica do silêncio na formação contratual, buscando identificar os elementos qualificadores de sua valoração declarativa, é a difícil – e muito necessária – tarefa a que se dispôs a jovem professora e advogada Priscila Sansone Tutikian em seus estudos no Programa de Pós-Graduação em Direito da Universidade Federal do Rio Grande do Sul. E o resultado não poderia ser mais exitoso.

---

[1] A referência é a BORGES, Jorge Luis. Cosmogonia (in La Rosa Profunda), ora in: *Obras Completas*, T. III, Emece Editores, Buenos Aires,1991, p. 80

[2] BENJAMIN, Walter. Sur le langage en général et sur le langage humain.Tradução francesa do alemão por Maurice de Gandillac, Rainer Rochliz e Pierre Rush. In: *Oeuvres*. Paris: Gallimard,2000, p. 142 et seq.

Ancorada na idéia de ser o negócio jurídico um *ato de confiança*, dirigido a provocar efeitos no mundo social, a Autora realiza, na Primeira Parte, importantes distinções – base do pensamento claro – e o exame criterioso das várias teorias que, ao longo dos tempos, trataram de ensaiar explicações ao fenômeno da dimensão vinculativa do silêncio. Com *espírito de sistema* distingue primeiramente entre os negócios jurídicos da proposta, oferta e aceitação. Demarcando estar situado nesse último o campo da possível relevância jurídica do silêncio investiga as suas formas – a aceitação expressa e a tácita – bem como os comportamentos concludentes, veículos de declarações tácitas. Está aberto o caminho para concluir, com segurança, ser o silêncio forma de declaração negocial autônoma, não se constituindo, pois, sinônimo ou subespécie da declaração expressa ou da tácita.

Firmado o pressuposto teórico, a Autora discorre, na Segunda Parte, em perspectiva histórica e comparatista, sobre o silêncio como forma de declaração negocial, concluindo ser a Teoria do Silêncio Qualificado a base teórica efetivamente adotada pelo art. 111 do vigente Código Civil. Parte, então, ao exame dos elementos qualificadores do silêncio, pois, evidentemente, o silêncio é forma de aceitação à proposta contratual *desde que presentes tais elementos*. Distinguindo, primeiramente, quando o silêncio é ou quando não é aceitação e propõe, a final, a sistematização dos elementos indicados pelo próprio Código Civil, a saber, os princípios da confiança e boafé, a diretriz do fim econômico e social do direito e a consideração aos usos.

A relevância do estudo procedido pela Autora é de intuitiva compreensão. Os negócios jurídicos pressupõem declarações marcadas pela seriedade, sendo as declarações negociais, *por sua própria função*, especialmente capazes de gerar um qualificado grau de certeza – e, portanto, de confiança – sobre os significados da conduta da contraparte. Conquanto toda a linguagem seja marcada por graus de ambigüidade, é o silêncio particularmente ambíguo: quem cala consente? Quem cala nega? Quem cala não nega, mas tampouco consente?

As respostas a estas questões vão sendo dadas, no curso dos tempos, em conformidade com as exigências das necessidades práticas (que agora incluem, por exemplo, negócios concluídos com um silencioso *click* no *mouse* do computador) e com os valores que, na altura, são considerados pela ordem jurídica prevalentemente dignos de proteção. Hoje em dia é indiscutida a afirmação de os negócios jurídicos se fundamentarem não apenas no princípio da autonomia privada (expressivo do valor "autodeterminação"), mas, por igual, no princípio da proteção da legítima confiança (cujo valor de base é a confiabilidade das condutas comunicativas das pessoas responsáveis[3]). Têm ainda relevância os usos, por expressarem as práticas que, por sua constância, atuam na pré-compreensão das condutas e das regras, bem como o fim econômico e social a que o negócio está predisposto. Se, como afirmou Comparato, não há inteligência exata das regras jurídicas sem a compreensão dos interesses econômicos em causa[4] é porque esses interesses são também integrantes da pré-compreensão, explicitando, ademais, a lógica da operação econômica revestida pelo contrato.

Recavar esses valores e diretrizes no corpus codificado, transformando-os em critérios para a qualificação do silêncio é o mérito de Priscila Sansone Tutikian, que agora o expressa nessa monografia de grande rigor científico e honestidade intelectual. Nos últimos anos, os estudos civilistas foram sacudidos, no Brasil, por um benfazejo festival de novidades que serviram, quanto ao menos, para desempoar bibliotecas e colocar novamente o Direito Civil no proscênio que lhe é devido não apenas por privilégios de nascimento, mas pela real e efetiva presença de seus princípios e regras na ordenação de nossa vida cotidiana. Os resultados desse retorno já são notáveis, havendo no país uma nova geração que tem contribuído com monografias e estudos de ponta. Contudo, como fruto sorrateiro e perverso desse festival benfazejo, tem ocorrido, por vezes, certa laxação no trato das categorias, institutos e conceitos componentes da dogmática civilista, pretendendo-se substituir o rigor da construção dogmática pela afirmação de "palavras de ordem" que, conquanto tão altissonantes quanto impressionantes, pouco contribuem para o progresso do Direito. Em verdade a boa doutrina não se deve ficar no confuso arrolar de anotações heterogêneas – conquanto graficamente arrumadas umas ao lado das outras – nem numa desequilibrada cesta de idéias em que se misturam os recortes teóricos mais díspares, também não se esvaindo nos róis de decisões jurisprudenciais catalogadas com o auxílio das ferramentas da internet. Ela é construída pela combustão refinada das antigas pedras com os novos valores, num processo de constante refinamento em que a meditação é tão imperativa quanto o atento olhar à realidade. Na reconstrução do Direito Privado, nada substitui, pois, o trabalho árduo da pesquisa (inclusive a pesquisa

---

[3] V. BAPTISTA MACHADO, João. Tutela da Confiança e 'Venire Contra Factum Proprium" e, ainda, A Cláusula do Razoável. In: *Obra Dispersa*. Vol. I. Scientia Jurídica. Braga, 1991

[4] COMPARATO, Fabio Konder. Alienação de Controle de Companhia Aberta, in *Direito Empresarial*. São Paulo, Saraiva, 1ª edição, 2ª tiragem, 1995, p. 76. Conquanto aluda o autor especificamente aos negócios empresariais, entendemos que a afirmação tem valência mais ampla, podendo compreender a imensa maioria dos negócios jurídicos e notadamente os negócios contratuais.

histórica, sempre pronta a comprovar que o Direito é experiência normada[5]) e a silenciosa reflexão pessoal, que leva ao raciocínio desprendido do caso, embora nele tenha o seu ponto de partida.

Dessa delicada tarefa bem se desincumbiu a Autora que atingiu com o seu labor o *desideratum* de Linha de Pesquisa desenvolvida na última década no âmbito do Programa de Pós-Graduação em Direito da UFRGS, qual seja, a da "reconstrução do direito privado", investigando a experiência jurídica por meio de análise voltada à proposição de modelos dogmáticos. Por essa razão recebeu da ilustrada Banca Examinadora, composta pelos Professores Doutores Renan Lotufo, Adalberto de Souza Pasqualotto e Carlos Klein Zanini conceito "A", com recomendação para a publicação.

Canela, março de 2008.

Judith Martins-Costa

Livre-Docente e Doutora em Direito
Civil pela Universidade de São Paulo.
Professora na Faculdade de Direito da UFRGS.

---

[5] A referência é à concepção de REALE, Miguel, notadamente "De Dignatate Jurisprudentiae" (in *Horizontes do Direito e da História*. São Paulo: Saraiva, 1977, p. 275).

Sumário

Introdução 17

Parte I – Formação contratual e silêncio 23

1. A proposta 31

   1.1. Conceito e noções gerais da proposta 32

   1.2. Modalidades de proposta – e oferta 41

2. Aceitação e suas formas não silenciosas de declaração 50

   2.1. Declarações expressa e tácita 55

   2.2. Comportamentos concludentes 65

3. Teorias sobre o silêncio 76

   3.1. Da teoria do silêncio puro às hipóteses legalmente restritivas 82

   3.2. Teoria do silêncio qualificado e a maior
      abrangência a sua valoração 87

Parte II – Elementos de qualificação jurídica do silêncio 93

4. Declaração da aceitação por meio do silêncio 95

   4.1. A sistemática do silêncio como declaração negocial
      no Direito comparado 96

   4.2. A evolução do silêncio como declaração no Direito brasileiro 106

5. O artigo 111 do Código Civil e as condições auxiliares 112

   5.1. Os elementos que qualificam o silêncio como aceitação 115

   5.2. Quando o silêncio não é aceitação 126

6. Demais elementos de concreção do silêncio 130

   6.1. Confiança negocial e boa-fé 132

   6.2. Fim econômico e social 140

Síntese conclusiva 145

Referências bibliográficas 147

Introdução

O objeto da presente obra é a averiguação da possibilidade de configuração do silêncio como forma de aceitação à proposta na fase de formação do contrato. Trata-se de tema pouco explorado pela doutrina, especialmente a brasileira, sendo, todavia, útil e necessário estabelecer a compreensão dogmática a respeito da matéria no Direito brasileiro.

No Código Civil de 1916 não havia previsão específica em relação à valoração jurídica do silêncio como forma declaração negocial: as únicas formas declarativas contempladas pelo antigo diploma eram a expressa e a tácita. No entanto, a doutrina e a jurisprudência, em alguma medida, admitiam o silêncio como forma de declaração, usualmente como sendo uma subespécie da declaração tácita.

Já no Código Civil vigente, no título referente ao Negócio Jurídico, há previsão disciplinando o silêncio como anuência no campo negocial, se presentes os elementos qualificadores do artigo 111 desse diploma. Uma vez que expressamente admitida a valoração do silêncio como anuência pela lei civil, importa analisar, de modo especial, se essa valoração pode ser verificada no momento de criação do vínculo, de formação do contrato.

Além dos elementos qualificadores do silêncio expressamente indicados no aludido dispositivo legal, outros deverão ser levados em conta para sua apropriada valoração. É exemplo disso o princípio da confiança negocial como um dos princípios de base – ainda que implícito – dos negócios jurídicos. Deve-se avaliar, assim, se o silenciar de um dos partícipes na fase de formação do contrato despertara no destinatário confiança legítima de que o contrato se concluíra, pois, notadamente se caracterizada essa confiança, demandará analisar se o silêncio poderá ser tido como aceitação.

A importância da confiança é um tema recorrente na História do Direito. No Direito moderno foi objeto da arguta observação de Savigny: todo o ordenamento jurídico descansa sobre a confiabilidade dos signos mediante os quais somente seres humanos com seres humanos podem participar em uma ativa relação de intercâmbio.[1-2]

É tendo em conta esse contexto que a Primeira Parte do livro dedica-se a examinar a formação contratual e os elementos necessários a sua perfectibilização. Tomam-se, desse modo, as categorias da proposta e da aceitação, em uma análise com cunho mais descritivo, a fim de assentar as bases sobre as quais se avaliará o silêncio na formação contratual. Nessa linha, conceituam-se proposta e aceitação, bem como se apreciam suas modalidades de ocorrência.

No que diz respeito à proposta, já que essa é uma das declarações negociais necessárias à formação do contrato – o que ocorre após a bilateralização da relação, com a aceitação – pretende-se averiguar se é possível falar-se em proposta contratual silenciosa. Daí em diante, ingressa-se em polêmica fase do estudo, apreciando-se os elementos constitutivos das declarações negociais expressa e tácita. Individualizam-se e diferenciam-se ambas as formas, contemplando-se o papel dos comportamentos concludentes e, já em alguma medida, sua relação com o silêncio. Finaliza-se a Primeira Parte do estudo com a compreensão das tradicionais teorias do silêncio, assim como com as considerações e conclusões acerca do silêncio na formação do contrato em cada uma daquelas. Isso porque é a partir da idéia da remota utilização do silêncio como aceitação que serão erguidas as bases de sua revalorização. A motivação principal da presente obra, que, aliás, fez surgir o interesse em seu tema, reside na revalorização do silêncio – também proporcionada por conta da novidade legislativa a respeito do assunto – como declaração negocial na formação do contrato.

---

[1] Tradução livre de SAVIGNY, M. F. C. de. *Traité de droit romain*. Traduit de l'Allemand par M. CH. Guenoux. Seconde Edition. Tome Troisiéme. Paris: Librairie de Firmin Didot Frères, 1856. p. 262-263.

[2] Importante esclarecer que a questão do silêncio também poderia ser abordada sob o enfoque da hermenêutica filosófica. Gadamer diz que semântica é uma teoria de signos de linguagem. Os signos, no entanto, são apenas meios, os quais, como qualquer outro meio empregado na atividade humana, são aleatoriamente usados e deixados de lado. Portanto, o verdadeiro falar é, segundo esse autor, mais do que a escolha dos meios para que determinados objetivos de comunicação sejam alcançados: "O dizer 'livre' flui na entrega abnegada à questão evocada através da linguagem". Dessa forma, conclui Gadamer que: "por detrás do campo de investigação que analisa a constituição de linguagem de um texto com um todo e que destaca sua estrutura semântica surge uma outra direção de questionamento e investigação: a hermenêutica. *A hermenêutica toma por fundamento o fato de que a linguagem nos remete tanto para além dela mesma como para além da expressividade que ela apresenta. Não se esgota no que diz, ou seja, no que nela vem à fala*". (GADAMER, Hans-Georg. *Verdade e método II*: complementos e índice. Tradução de Enio Paulo Giachini. Petrópolis: Vozes, 2002. p. 209). Esse enfoque, entretanto, não será explorado, em que pese sua riqueza, no presente estudo, pois não integra o seu objeto, na medida em que se atém a uma abordagem mais dogmática.

Assentados os fundamentos, passa-se, na Segunda Parte, a analisar os elementos que qualificarão o silêncio no domínio jurídico. Visa-se a constatar, inicialmente, no que o silêncio consiste no que se refere à forma de declaração negocial: se em forma autônoma ou se em subespécie de uma das formas de declaração antes examinadas – expressa e tácita.

É então que se avalia o enfrentamento do silêncio como declaração negocial no Direito comparado, para, a partir dessa avaliação, focar-se na evolução de seu entendimento no Direito brasileiro. Para tanto, cumpre delimitar os ordenamentos jurídicos que serão tomados como base ao longo, aliás, do livro – não exclusivamente no que diz respeito a esta parte do estudo. Nesse sentido, é certo que, para melhor se compreender uma realidade jurídica – tanto com relação a sua origem e evolução histórica, quanto no que se refere ao papel que ela desempenha no ordenamento a que pertence – a análise comparatista torna-se útil. Com o intuito de analisar as peculiaridades e justificativas de operacionalização do silêncio no âmbito contratual, por conseguinte, um estudo comparativo com ordenamentos jurídicos alemão e português será desenvolvido. Não seria necessário lembrar a importância da civilística alemã para o tema, bem como do Direito Civil português, que, nessa parte, influenciou o vigente Código Civil brasileiro. Também será examinado, ainda que em menor medida, o Direito italiano.

Espera-se que dessa comparação jurídica melhor se possa apreciar o tema do silêncio como forma de declaração negocial no Direito Civil brasileiro. Tem-se como base, portanto, a legislação civil vigente e alguns exemplos jurisprudenciais, anteriores ao atual Código Civil, que, para além de uma contemplação puramente histórica, destinam-se a apreciar o entendimento do tema até então, a fim de melhor compreendê-lo e fornecer uma análise mais iluminada ao atual Direito Civil brasileiro. Já nessa evolução, o exame será feito de forma crítica.

É dado o momento, doravante, de examinar a disciplina legal vigente, oferecendo-se um estudo dogmático dos elementos que, a fim e ao cabo, poderão qualificar o silêncio como declaração negocial – e, especificamente, como aceitação à proposta contratual. Serão tomados como objeto de estudo tanto os elementos do artigo 111 do Código Civil, avaliando-se as conjunturas positivas e negativas da valoração do silêncio, quanto, em caráter exemplificativo, outros elementos do ordenamento que merecem ser analisados, como é o caso da confiança negocial, aqui já abordada, a qual se configura em importante aspecto também na definição da valoração do silêncio como aceitação.

Para fins de maior delimitação do objeto de estudo, ressalta-se, uma vez mais, que o campo de estudo desta obra restringe-se à fase de *formação dos contratos*, notadamente tendo em vista a impossibilidade de esgotar o assunto do silêncio na categoria do negócio jurídico ou do contrato, nem mesmo em todas as fases contratuais em sede de mestrado.

Não se objetiva, por conseguinte, desenvolver um tratado sobre o silêncio sob o ponto de vista jurídico nos demais campos alheios à realidade contratual ou mesmo nas demais fases do contrato, que não a de sua formação. Tal delimitação mostra-se necessária porque a fase mais controvertida para apreciação do assunto é justamente a de formação contratual. Apesar de a disciplina do artigo 111 do Código Civil destinar-se ao campo negocial, importa averiguar sua admissão como forma de (ou meio apto à) aceitação à proposta. Além disso, a etapa de formação é a única – no que diz respeito a um contrato – na qual as partes podem ainda não se conhecer, não ter se relacionado anteriormente, de forma que o cuidado na apreciação do silêncio, assim como sua conjugação com elementos como a confiança, deverá ser ainda maior. Ao demais, justifica-se a escolha porque uma das únicas unanimidades na doutrina – tanto remota quanto atual – acerca da validação do silêncio como forma declarativa é que ele assim o será quando as partes mantiverem relacionamento anterior.[3] Não se examina, portanto, a unanimidade, mas a polêmica.

Também é importante enfatizar, por fim, em nome do rigor científico que impõe a limitação do objeto de estudo, que as disposições do Código de Defesa do Consumidor não serão diretamente abordadas no livro, pelo fato de o exame desse diploma legal e das relações por ele pautadas não estar contemplado dentre os objetivos de estudo.[4]

Com efeito, consoante acima antecipado, o objetivo primordial é avaliar, no âmbito das relações paritárias, disciplinadas pelo Código Civil, o cenário no qual o silêncio pode ser considerado uma aceitação contratual que vise à formação do contrato, seus pressupostos teóricos e práticos no âmbito dessa mesma etapa contratual.

---

[3] Nesse sentido, por todos, PONTES DE MIRANDA, Francisco Cavalcanti. *Tratado de Direito Privado*: parte especial. v. 38. 3. ed. 2ª Reimpressão. São Paulo: Revista dos Tribunais, 1984. passim.

[4] Referências ao diploma consumerista serão feitas apenas indiretamente ou por meio de exemplos, quer dizer, apenas quando a menção se mostrar tão paradigmática e ilustrativa que se auto justifique.

Objetiva-se verificar, assim, quais são as razões (se existentes) pelas quais o silêncio pode, em determinadas circunstâncias, descrevendo também quais são elas, ser considerado, efetivamente, uma declaração negocial de aceitação à proposta contratual.

Não pretendendo esgotar toda a riqueza que o assunto representa e possuindo-se ciência de tal realidade, cabe debater os objetivos ora propostos para, talvez no futuro, dar continuidade a estudo tão envolvente, enfrentando-se outras das suas nuances.

Parte I – FORMAÇÃO CONTRATUAL E SILÊNCIO

A vontade é um dos fatores mais importantes da atividade social, mas enquanto mergulhada nas profundezas do espírito humano não desperta interesse no domínio jurídico. Para nesse adentrar, a vontade precisa ser comunicada, manifestada, ou seja, externada por declarações, comportamentos e mesmo por omissões significativas; a partir de então, quando se transforma em declaração, seus efeitos passam a ser tutelados pelo ordenamento jurídico. A vontade externada é, portanto, a que tem relevância para o mundo jurídico e essa *vontade jurídica*[5] é composta, necessariamente, por dois elementos: (i) o elemento interno, psíquico, firmado pelo querer; e (ii) o elemento externo, objetivo, firmado pela manifestação desse querer.[6]

Nesse sentido, depreende-se da preleção de Betti não só a importância da declaração, como a necessidade de ela chegar ao conhecimento do outro, como *ato de comunicação*:

> O fenómeno que se nos apresenta na declaração é, como vimos, o de uma saída do pensamento do íntimo de cada um, para se tornar expressão objectiva, dotada de vida própria, perceptível e apreciável no mundo social. E visto que o resultado do acto é tal que se concretiza sempre na mente alheia, apelando umas vezes só

---

[5] A expressão *vontade jurídica* é utilizada para manifestar a idéia de vontade inserida no domínio jurídico. Merece destaque a concepção de Flume, ao explicar o conceito de vontade negocial e sua relevância à esfera jurídica, assim definindo-a: "[...] voluntad que está dirigida a producir determinadas consecuencias jurídicas mediante la declaración, voluntad de efectos jurídicos, o como la intención dirigida a un determinado resultado económico garantizado por el Derecho, o como voluntad de producir un resultado económico. Como voluntad negocial, la voluntad se concibe por su referencia al contenido del acto de la declaración". (FLUME, Werner. *El negocio jurídico*: parte general del derecho civil. 4. ed. Traducción José Maria Miquel González , Esther Gómez Calle. Madrid: Fundación Cultural del Notariado, 1998. v. 2, p. 75).

[6] Conforme SERPA LOPES, Miguel Maria de. *O silêncio como manifestação da vontade*. 3. ed. rev. e aum. Rio de Janeiro: Freitas Bastos, 1961. p. 147. Importante referir, desde já, que, no âmbito nacional, a monografia de Serpa Lopes é um dos únicos trabalhos doutrinários que se propõe a ser exaustivo e que se aprofunda no tema do silêncio, daí porque será referido diversas vezes na presente obra. Sobre o assunto, ver também Junqueira de Azevedo, ao se posicionar sobre não haver dois elementos no negócio jurídico, quais sejam: vontade e declaração: "Ora, não há dois elementos, mas apenas um, e este é a declaração de vontade". (JUNQUEIRA DE AZEVEDO, Antônio. *Negócio jurídico*: existência, validade e eficácia. 4. ed. atual. De acordo com o novo Código Civil. São Paulo: Saraiva, 2002. p. 82).

para a consciência, e outras também para a vontade, a declaração é, por sua natureza, um acto conscientemente destinado a ser conhecido por outros, dando-lhes conhecimento de um determinado conteúdo: um acto, portanto, que se dirige necessariamente, a outros. Isto tem como consequência que não é possível conceber uma declaração sem um destinatário, que mais tarde ou mais cedo deva vir a conhecê-la: apenas sucede que o destinatário tanto poderá ser determinado e infungível, como indeterminado e fungível [...] e o conhecimento tanto poderá ser imediato, como retardado (exemplo: uma *garrafa lançada ao mar*); mas o conhecimento não poderá faltar, sem que o acto deixe de ter o seu evento (como uma *vox clamantis in deserto*; Evang. De S. João, I, 23), perdendo, desse modo, qualquer relevância social.[7]

Quanto à importância da *vontade declarada*, entende-se que ela consiste em elemento essencial[8] do negócio jurídico.[9] A doutrina brasileira é concorde com o entendimento acerca da relevância desse elemento, consoante se depreende de Pontes de Miranda: "Nos negócios jurídicos, há sempre manifestação de vontade [...]".[10] Junqueira de Azevedo, por sua vez, ressalta que se deve atentar para o fato de que o elemento propriamente dito é a *declaração de vontade* e não a *vontade*:

> A nosso ver, *a vontade não é elemento do negócio jurídico*; o negócio é somente a declaração de vontade. Cronologicamente, ele surge, nasce, por ocasião da declaração; sua *existência* começa nesse momento; todo o processo volitivo anterior não faz parte dele; o negócio todo consiste na declaração. Certamente, a declaração é o resultado do processo volitivo interno, mas, ao ser proferida, ela o incorpora, absorve-o, de forma que se pode afirmar que esse processo volitivo não é elemento do negócio.[11]

Como assevera Couto e Silva, o contrato não se constitui de duas vontades declaradas isoladamente consideradas, mas da fusão desses elementos: vontade declarada na proposta e vontade declarada na aceitação.[12] Assim também Pontes de Miranda: "A bilatera-

---

[7] BETTI, Emílio. *Teoria geral do negócio jurídico*. Tradução Fernando de Miranda da 2ª edição italiana. Coimbra: Coimbra, 1969. v. 1, p. 248-249. A passagem transcrita também é apta a demonstrar quão antiga é a noção de contratação entre ausentes, assim como a de declaração entre ausentes e proposta entre ausentes, que será examinada no item 1.1.

[8] Assim, exemplificativamente, COUTO E SILVA, Clóvis V. do. *A obrigação como processo*. Rio de Janeiro: FGV, 2006. p. 35. Mais adiante, refere: "Cuida-se de conferir justa medida à vontade que se interpreta [...] e de evitar-se o subjetivismo e o psicologismo a que se chegaria sem dificuldade, caso o interesse de ambas as partes não fosse devidamente considerado". (Ibid., p. 35-36).

[9] *Negócio jurídico* foi a terminologia conferida aos contratos pela Pandectística alemã, conforme COUTO E SILVA, ibid., p. 72. O autor ainda explica que: "[...] a noção de contrato foi substituída, nos países que sofreram influência da Pandectística, por outra de significação mais ampla, qual seja a de negócio jurídico, a qual constitui-se em centro da dogmática de direito privado". (Ibid.).

[10] PONTES DE MIRANDA, Francisco Cavalcanti. *Tratado de direito privado*: parte geral. 4. ed. São Paulo: Revista dos Tribunais, 1983. v. 2, p. 395.

[11] JUNQUEIRA DE AZEVEDO, *Negócio...*, p. 82.

[12] Conforme COUTO E SILVA, op. cit., p. 35.

lidade, quando se fala de negócios jurídicos bilaterais, concerne às *manifestações de vontade*, que ficam, uma diante da outra, com a *cola* – digamos assim – da concordância".[13] Essa necessária fusão é claramente observada nas declarações *receptícias*, as quais, para produzir efeitos, têm de chegar ao conhecimento do destinatário.[14]

Para que haja um negócio jurídico – ato de autonomia, auto-regulamento de interesses privados – diz Couto e Silva, é necessário, portanto, que haja declaração perceptível e inequívoca, ainda que independente da forma ou *modus* de exteriorização.[15] O contrato,[16] espécie de negócio jurídico, forma-se, pois, pela união de declarações.[17]

Em que pese a formação do contrato não resultar (a inferência não é direta) da *forma* ou *modo* da declaração negocial que visa à

---

[13] PONTES DE MIRANDA, *Tratado*..., v. 2, p. 07 [grifou-se]. Assim é que o autor falará em *colagem* entre proposta e aceitação. (Ibid., passim).

[14] Assim como no ordenamento civil brasileiro, também nos ordenamentos estrangeiros a aceitação toma forma de declaração receptícia. Sobre o assunto, consultar MOTA PINTO, Paulo Cardoso Correia da. *Declaração tácita e comportamento concludente no negócio jurídico*. Coimbra: Almedina, 1995. p. 578 et seq. Veja-se, também, o entendimento de Messineo: "La declaración del aceptante es siempre y necesariamente receptícia, o sea que, para ser válida, debe dirigirse a persona determinada, es decir, al proponente". (MESSINEO, Francesco. *Doctrina general del contrato*. Tradução R. O. Fontanarrosa, S. Sentis Melendo, M. Volterra. Notas de derecho argentino por Vittorio Neppi. Buenos Aires: Europa-América, 1986. v. 1, p. 95)

[15] Conforme COUTO E SILVA, *A obrigação*..., p. 72-73. A terminologia utilizada pelo autor é *vontade claramente exteriorizada*. A questão da forma de declaração da vontade, especialmente no que diz respeito à aceitação, será examinada ainda nesta primeira parte do livro (Capítulo 2).

[16] Importante elucidar desde já que a base de estudo desta obra é o contrato e não a categoria genérica de negócio jurídico. A justificativa para tal enfoque está no caráter prático deste estudo, bem como no fato de os contratos constituírem a "[...] precípua fonte das relações obrigacionais, não só pela frequência, mas também porque os direitos e as obrigações deles resultantes são, de modo geral, os de maior relevo na vida de todos os dias. Compreende-se, por isso, o interesse prático e teórico do instituto [...]" (ALMEIDA COSTA, Mário Júlio de. *Direito das obrigações*. 9. ed. rev. e aum. Coimbra: Almedina, 2004. p. 181). Na mesma linha, asseverou Messineo: "Os contratos enchem a vida econômica e a vida do direito; tornou-se, por isso, um instituto de grande extensão". (MESSINEO, op. cit., p. 19). O termo *contrato* no presente estudo será utilizado como uma das espécies de *negócio jurídico*, não sendo, portanto, ambos os termos empregados como sinônimos, mas como categorias de espécie e gênero, respectivamente. Para uma melhor compreensão acerca dessa terminologia, inclusive no que se refere à devida distinção entre atos jurídicos *stricto sensu* e negócio jurídico, ver PONTES DE MIRANDA, *Tratado*..., v. 2, p. 446 et seq.

[17] Sendo o contrato uma espécie do gênero negócio jurídico e constituindo este a mais importante categoria dos atos lícitos, mostra-se oportuna a lição de Betti: "A distinção entre actos e simples factos jurídicos reporta-se à relevância jurídica reconhecida, ou não, à consciência e à vontade humanas. Sob o aspecto da estrutura social e jurídica, os actos relevantes para o direito podem distinguir-se de acordo com a modificação, isto é, com o evento pelo qual o acto se manifesta, em actos de evento psíquico (interno) e actos de evento material (externo). Quanto aos primeiros, distinguem-se conforme a sede do evento psíquico, isto é, conforme o espírito em que a mudança deva ocorrer seja o dos outros (destinatários), ou o do próprio autor do acto. Quando o evento psíquico diz respeito aos outros, o acto toma a figura de declaração, nas suas múltiplas variedades [...]" (BETTI, *Teoria*... p. 29 e p. 35).

formação, é preciso analisar as possibilidades existentes nesse âmbito, inclusive considerando-se oportunamente o silêncio, para que se conclua se o contrato foi ou não formado.

No que tange à terminologia a ser utilizada na presente obra, tomar-se-á por *declaração* a vontade exteriorizada, quer dizer, o ato de autonomia negocial devidamente manifestado, já no mundo exterior.[18] Aliás, a individualização dos conceitos de *vontade* e *declaração* – e, por vezes, sua confusão – é muito discutida na doutrina;[19] há também quem utilize indistintamente ambas as expressões como sinônimas, talvez por vício de linguagem. Ocorre que há uma série de repercussões por detrás da escolha de nomenclatura e, por isso, abordar-se-á o assunto por mais algumas linhas, esclarecendo-o.

O exame da Teoria da Vontade e da Teoria da Declaração pode auxiliar na compreensão dos conceitos de *vontade* e de *declaração*.

Essas teorias surgiram na civilística alemã dos séculos XIX e XX como forma de resolução dos problemas dos vícios da vontade, mais especificamente dos casos nos quais havia divergência entre vontade e declaração,[20] e são, por isso, capazes de contribuir na definição de o que vem a ser uma e outra.[21] O ponto de partida está, para o Direito moderno, em Savigny e no seu entendimento, ainda hoje válido, sobre a relação existente entre *vontade* e *declaração* na declaração negocial. Para o autor,

> [...] não se pode entender como se ambas, por sua natureza, fossem independentes uma da outra, como a vontade de uma pessoa e a de outra, cuja coincidência em efeito é completamente causal. Ao contrário, justamente por sua essência devem ser concebidas como unidas.[22]

---

[18] Nesse sentido, vale mencionar que Pontes de Miranda considera as exteriorizações (ou manifestações) de vontade como gênero, sendo espécies as declarações e as manifestações *stricto sensu*. (PONTES DE MIRANDA, *Tratado...*, v. 1, passim, e PONTES DE MIRANDA, *Tratado...*, v. 2, p. 395 et seq.).

[19] Assim, MESSINEO, *Doctrina...*, p. 92-105. Salienta-se que a importância da civilística alemã e da legislação portuguesa e suas doutrinas – assim como da doutrina italiana – foi devidamente adiantada e justificada na Introdução deste livro, Capítulo 1, para onde se faz remissão.

[20] Conforme FLUME, *El negocio ...*, p. 85-86.

[21] Apesar do referido auxílio didático, é preciso atentar para o que observou Messineo a respeito do fenômeno da divergência entre vontade e declaração: "[...] el mismo está circunscrito en él ámbito del sujeto singular (es un hecho *unilateral*) y nada tiene que ver con la formación del consentimiento, que es un hecho esencialmente *bilateral*". (MESSINEO, op. cit., p. 95).

[22] Tradução livre de SAVIGNY, Friedrich Karl von. *System des heutigen Römischen Rechts*. Berlin: Veit und Comp., Dritter Bandes, 1840, p. 258. Mais adiante, conclui Savigny: Disso se segue que a coincidência entre a vontade e a declaração não seja algo casual, mas sua relação natural. (Ibid. tradução livre). Além disso, há concordância quanto à necessidade de manifestação da vontade, de sua declaração, do ato de autonomia que é levado ao conhecimento (comunicado) do destinatário, como refere Flume: "Existía acuerdo en que lo no declarado no podía tener vigencia". (FLUME, op. cit., p. 83).

Ocorre que, apesar de a identidade entre *vontade* e *declaração* ser a relação mais corriqueira entre ambas, por vezes elas não coincidem.[23] Como dito, com efeito, na tentativa de solucionar os casos de divergência entre vontade interna e declaração, foi que surgiram as antes mencionadas teorias que visavam a resolver a desavença.[24]

A Teoria da Vontade – que tomou forma decisiva na metade final do século XIX, especialmente por meio do entendimento e do caráter que lhe conferiu Savigny – propunha que, havendo divergência entre a vontade interna e a vontade declarada, o negócio deveria ser interpretado segundo a vontade interna do agente.[25] Por seu excessivo subjetivismo, houve vários questionamentos acerca desta teoria, principalmente em relação a sua repercussão no plano da segurança jurídica.

Já a Teoria da Declaração – irrompida, segundo Flume, na década de 70 do século XX, a partir de um tratamento dos casos de erro, cuja solução era oposta à anteriormente conferida pela Teoria da Vontade[26] – primava por prestigiar a segurança jurídica e a estabilidade das relações no tráfego negocial, sustentando que, havendo

---

[23] Importa, desde já, destacar que o artigo inserido no atual Código Civil sobre o tema ("Art. 110. A manifestação de vontade subsiste ainda que o seu autor haja feito a reserva mental de não querer o que manifestou, salvo se dela o destinatário tinha conhecimento".) não será diretamente enfrentado na presente obra, na medida em que não diz respeito especificamente ao silêncio, mas a todas as formas de declaração de vontade (seja expressa, seja tácita, seja por meio do silêncio). Muito embora o assunto da reserva mental faça jus, sem dúvida, a análise mais aprofundada, justamente por conta da imensa gama de considerações que merecem ser feitas sobre ele, isso não será realizado no âmbito deste livro. Sobre o tema, portanto, fazem-se as seguintes breve considerações. Para Nery Júnior, reserva mental, em sentido lato, "[...] é o produto da divergência entre a vontade e a manifestação, o que implica em uma manifestação, mas não um vontade de manifestação ou de seu conteúdo", e, mais adiante: "Conceituada a reserva mental, impõe-se declinar os seus elementos constitutivos: a) *uma declaração não querida em seu conteúdo*; b) *propósito de enganar o declaratário (ou mesmo terceiros)*". (NERY JÚNIOR, Nelson. *Vícios do ato jurídico e reserva mental*. São Paulo: Revista dos Tribunais, 1983. p. 16-18). Quanto à disciplina do Código Civil atual, explica Moreira Alves que: "Da reserva mental trata o art. 108 [do Projeto], que a tem por irrelevante, salvo se conhecida do destinatário, caso em que se configura hipóteses de ausência de vontade, e, conseqüentemente, de inexistência do negócio jurídico". (MOREIRA ALVES, José Carlos. *A parte geral do projeto de código civil brasileiro com análise do texto aprovado pela Câmara dos Deputados*. São Paulo: Saraiva, 1986. p. 102) e conclui Lotufo: "[...] só agora, com o novo Código Civil, é que temos a disciplina legal do tema sobre a questão do tratamento do conflito entre a vontade real e a vontade declarada". (LOTUFO, Renan. *Código Civil comentado*: parte geral (arts. 1º a 232). 2. ed. atual. São Paulo: Saraiva, 2004. v. 1, p. 298).

[24] As teorias da Vontade e da Declaração, assim como toda a problemática da discordância entre a vontade e a declaração, conforme comenta Flume, foram tema de grande interesse da civilística alemã do século XIX e início do século XX, coincidindo com os primeiros anos da entrada em vigor do Código Civil alemão. (FLUME, *El negocio...*, p. 83). A versão em alemão para "Código Civil alemão" é Bürgerlichen Gesetzbuch. A abreviatura, mundialmente utilizada, é "BGB", e este será o termo adotado no presente estudo.

[25] Ver, nesse sentido, e sobre as Teorias da Vontade e da Declaração, SAVIGNY, op. cit., passim e FLUME, op. cit., p. 83 et seq.

[26] Conforme FLUME, op. cit., p. 83 et seq.

O SILÊNCIO NA FORMAÇÃO DOS CONTRATOS

divergência entre ambas, a declaração era o que deveria imperar, ou seja, a prevalência era da vontade declarada.

Logo, enquanto a Teoria da Vontade entendia a declaração como *mera* forma de revelação da vontade,[27] a Teoria da Declaração a via como única forma de garantir um bom tráfego nas relações jurídicas,[28] prestigiando a vontade socialmente exteriorizada, isto é, declarada.

É mister que se atente, entretanto, para o fato de que, apesar de a Teoria da Declaração haver surgido anos após a Teoria da Vontade, não se está diante de uma superação histórica de uma teoria pela outra. Há pontos relevantes em ambas as doutrinas. Nesse sentido, esclarecedoras são as ponderações de Köhler em seu clássico estudo sobre a parte geral do BGB. Assevera o autor que o BGB não adotou nem uma teoria nem outra; acolheu, isto sim, o que, no Direito alemão, costuma-se denominar "solução de compromisso", formulada por via legislativa. Com o passar do tempo, contudo, continua o autor, o rumo da interpretação do BGB foi guiando-se mais para a adoção da Teoria da Declaração, forte na idéia de que o declaratário merece maior resguardo em nome da proteção da confiança no tráfico, gerada pela própria declaração.[29]

Assim, consoante aponta Flume, fazendo menção à solução de compromisso antes referida, hoje a discussão entre essas duas teorias está praticamente superada na Alemanha.[30]

Como ocorrera na Alemanha, expõe Bessone que no Brasil também não há entendimento triunfante: "Segundo a teoria da vontade, a preponderância caberá à vontade real. Segundo a teoria da declaração, prevalecerá a vontade declarada. A verdadeira solução, porém, é intermediária".[31]

Entendimento diverso é o de Gomes, claramente crítico à Teoria da Declaração. Seu entendimento acerca da Teoria da Vontade vem expresso no seguinte trecho: "[...] havendo divergência entre a vontade e a declaração, decide-se [...] em favor da vontade contra a declaração". Mais adiante refere: "[...] deve-se atender à intenção

---

[27] Sobre o papel da vontade e da declaração – na relação entre ambas – conclui Flume: "Hoy es opinión generalizada que la declaración de voluntad es un acto de ejecución de la voluntad. En la doctrina moderna muchas veces se desconoce que precisamente ésta es la clásica doctrina del negocio jurídico tal como la estructuró SAVIGNY, y que fue defendida por tan prominentes partidarios de la teoría clásica como WINDSCHEID y ENNECCERUS". (FLUME, *El negocio...*, p. 79).

[28] Assim, NÉRI JÚNIOR, *Vícios...*, p. 9-11.

[29] Conforme KÖHLER, Helmut. *BGB*: allgemeiner teil, 27. München: Verlag C. H. Beck, 2003. p. 74-75.

[30] FLUME, op. cit., p. 85-86.

[31] BESSONE, Darcy. *Do contrato*: teoria geral. São Paulo: Saraiva, 1997. p. 28 et seq.

do declarante, à sua vontade real, visto que a declaração não passa de simples processo de sua revelação".[32] Reconhecendo que o largo papel da vontade na criação de efeitos jurídicos havia sido "amortecido pelos autores da Erklarüngstheorie",[33] afirma, criticamente: "Para essa teoria, pouco importa se a declaração corresponde ou não exatamente ao querer interno, pois na interpretação dos negócios jurídicos não importaria a intenção, mas, sim, o 'sentido normal da declaração'".[34]

Nada obstante as discussões travadas na seara das chamadas *teorias da vontade* acima lembradas, é digno de destaque o fato de a doutrina, nacional e estrangeira, mostrar-se unânime quanto à necessidade do elemento *exteriorização*, na medida em que, sem ele, a vontade não chega ao conhecimento do co-contratante. Se não há exteriorização, a vontade não é declarada e, não o sendo, faltará ao ato elemento imprescindível para sua caracterização.[35]

Concluindo-se o acima exposto, adotar-se-á no livro sempre uma das seguintes terminologias – *vontade declarada, declaração de vontade, declaração negocial* ou, simplesmente *declaração*,[36] para expressar o fenômeno jurídico, elemento indispensável à formação do contrato. Essas quatro serão utilizadas como sinônimos, diferenciando-se do termo *vontade*, que restará reservado para o fenômeno préjurídico, psicológico.

Alcançado está o momento de serem examinadas as declarações necessárias à formação do contrato.

As declarações dos contratantes podem se dar tanto no âmbito da *proposta* quanto no da *aceitação* e são essas que, quase que invariavelmente, proporcionam a concordância da qual nascem os contratos.[37] A proposta deve ser seguida da aceitação para que o contrato

---

[32] GOMES, Orlando. *Transformações gerais do direito das obrigações*. São Paulo: Revista dos Tribunais, 1967. p. 12.

[33] Ibid., p. 12.

[34] Ibid., p. 13.

[35] Sobre o elemento externo constitutivo do ato voluntário, veja-se o entendimento de Von Tuhr: "Para producir efectos, la voluntad a la cual la ley atribuye la virtud de configurar las relaciones jurídicas debe ser manifestada, pues la voluntad, como suceso psicológico interno, no es susceptible de conocimiento y sólo puede deducirse, con mayor o menor seguridad, de la conducta humana externa". (VON TUHR, Andreas. *Derecho civil*: teoria general del derecho civil aleman. Buenos Aires: Depalma, 1946. v. 2, t.2, § 61. p. 74). Nitidamente, portanto, Von Tuhr explana sua crença na necessidade de conduta para que a vontade seja manifestada (ou tida como uma declaração). No Brasil, exemplo desse entendimento pode ser obtido em PONTES DE MIRANDA, *Tratado...*, v.1, passim.

[36] Em particular porque ao presente estudo interessa a declaração e não a vontade interna do agente.

[37] Assim, Pontes de Miranda: "Os negócios jurídicos bilaterais e os negócios jurídicos plurilaterais nascem de concordâncias". Segundo o autor, a distinção entre proposta e aceitação pode

O SILÊNCIO NA FORMAÇÃO DOS CONTRATOS 29

seja celebrado. Além da aceitação, pode seguir-se à proposta uma nova proposta, com algumas modificações, e, depois, ainda outras, situação que se configura, nos termos utilizados por Pontes de Miranda, em um "jogo de tênis de ofertas".[38]

A proposta e a aceitação são, de fato, elementos necessários à formação do contrato. Como forma de realização de um exame casuístico do silêncio, a que se propõe este livro, também será necessário examinar[39] se o silêncio pode estar presente na proposta ou se somente se falaria em valor da *declaração negocial silenciosa* para a aceitação.

Importa, assim, examinar as declarações negociais que podem fazer nascer um contrato, pontuando-se os traços caracterizadores da Proposta (Capítulo 1); da Aceitação (Capítulo 2) e referindo-se, por fim, como pressupostos teóricos da valorização jurídica do silêncio, as Teorias sobre o assunto (Capítulo 3).

---

supor sucessividade, que pode até não ocorrer, mas que, hoje em dia, é muito comum, na medida em que é enorme o número de contratos firmados à distância, entre ausentes. (PONTES DE MIRANDA, *Tratado...*, v. 38, p. 21 et seq.)

[38] PONTES DE MIRANDA, *Tratado...*, v. 38, p. 26.

[39] Ao longo deste Capítulo 1.

1. A proposta

A formação do contrato pressupõe, ordinariamente, uma proposta e uma aceitação. Pontes de Miranda, todavia, esclarece que:

> o hábito de observar-se a sucessividade das manifestações de vontade, nos negócios jurídicos bilaterais, levou a doutrina a só se preocupar com as *ofertas* e as *aceitações*, pôsto que, a propósito dos negócios jurídicos plurilaterais, tendesse a exigir-lhes simultaneidade. Transformava-se, aqui e ali, em essencialidade o que em verdade apenas é o que mais acontece.[40] [...] Para que o negócio jurídico bilateral ou o negócio jurídico plurilateral se conclua, é de mister que as manifestações de vontade se entrosem, com a entrada no mundo jurídico. A objetivação da vontade dos figurantes ou é sucessiva ou é simultânea. A oferta e a aceitação são o *quod plerumque fit*. Mas pode ocorrer que se dê simultaneidade das manifestações de vontade.[41]

Assim, conquanto tem-se ciência da possível simultaneidade para os efeitos da formação contratual, far-se-á a distinção sucessiva apenas para maior clareza, sendo necessário examinar, primeiramente, certas noções gerais acerca da Proposta (item 1.1) e as suas modalidades (item 1.2) antes de se ingressar no exame da Aceitação.

---

[40] PONTES DE MIRANDA, op. cit., p. 21. Mais adiante refere o autor que esta sucessividade de momentos "nem sempre é discernível, e pode mesmo não se dar". (Ibid., p. 26-27). No caso de à proposta seguir-se uma nova proposta, esta última não será aceitação e o contrato proposto não será formado.

[41] Ibid., p. 48. Nesse sentido, há aparente harmonia da doutrina acerca do entendimento de os contratos se formarem por meio de duas declarações subseqüentes e encadeadas: uma proposta contratual seguida por sua aceitação. Essas, de fato, constituem-se – senão na primeira e na segunda – na penúltima e na última das declarações negociais eficazes. Nada obstante tal concordância, fato é que estudos do direito comparado indicam que esse modelo único de formação de contratos não passa de ficção, a qual, segundo Ferreira de Almeida, tem a vantagem da simplicidade e a desvantagem da imprecisão. Conclui esse autor que os requisitos positivos essenciais à formação do contrato seriam, necessariamente, os seguintes dois: *consenso* e *adequação formal* (FERREIRA DE ALMEIDA, Carlos. *Contratos I:* conceito, fontes, formação. 3. ed. Coimbra: Almedina, 2005. p. 96). O aclaramento dessa ficção, todavia, não terá enfrentamento direto e específico no presente estudo, na medida em que embora merecesse mais aprofundamento por parte da doutrina nacional, não faz parte do seu objeto.

1.1. Conceito e noções gerais da proposta

A proposta[42] contratual está disciplinada no Código Civil,[43] na seção relativa à formação dos contratos, e desmembra-se em mais de uma modalidade no Direito brasileiro. No conceito formulado por Pontes de Miranda *"oferta é a primeira manifestação de vontade, a que se há de seguir a aceitação para que se conclua o negócio jurídico bilateral"*.[44]

Questão relevante, não cingida apenas à preocupação nominalista é a que ocorre entre proposta e oferta. Gomes assim distingue os termos e os respectivos significados:

> Para valer, é preciso ser formulada em termos que a aceitação do destinatário baste à conclusão do contrato. Não deve ficar na dependência de nova manifestação de vontade, pois a *oferta*, condicionada a ulterior declaração do proponente, *proposta* não é no sentido técnico da palavra.[45]

No mesmo sentido, conclui Tepedino: "O CC parece acolher a distinção no art. 429, quando define os requisitos para que a 'oferta' ao público seja equiparada a uma 'proposta'".[46]

É preciso, por conseguinte, destacar: no sistema de Direito Civil há diferença entre *proposta* e *oferta* no tocante aos requisitos e às conseqüências.[47] A primeira deve, necessariamente, visar à conclusão do contrato com o "simples" aceite de seu declaratário,[48] devendo

---

[42] Também nomeada *policitação*.

[43] A terminologia adotada pelo Código Civil atual – assim como o fizera o Código Civil de 1916 – é a designação genérica de *proposta*, utilizando-se a expressão *oferta* apenas quando diante de casos específicos. As expressões *proposta* e *oferta* não serão aqui empregadas como sinônimos, mas, ao contrário, respeitar-se-ão suas diferenças e peculiaridades, inclusive no que pertine a efeitos e conseqüências.

[44] PONTES DE MIRANDA, *Tratado...*, v. 38, p. 26. No trecho transcrito, nota-se que Pontes de Miranda não fez individualização entre *proposta* e *oferta*.

[45] GOMES, Orlando. *Contratos*. Atualização e notas de Humberto Theodoro Júnior. 25. ed. Rio de Janeiro: Forense, 2002. p. 62.

[46] TEPEDINO, Gustavo; BARBOSA, Heloisa Helena; MORAES, Maria Celina Bodin de. *Código Civil interpretado conforme a Constituição da República*. Rio de Janeiro: Renovar, 2006. v. 2, p. 40.

[47] Segundo Marques, "O novo Código Civil de 2002 utiliza a expressão proposta para a "oferta" a pessoa determinada, repetindo em seu art. 427 a norma do art. 1.080 do CC/1916 [...]. Já as "propostas" ao público em geral denomina ofertas, como o próprio CDC". (MARQUES, Cláudia Lima. *Contratos no Código de Defesa do Consumidor*: o novo regime das relações contratuais. 5. ed. rev. atual. e ampl. São Paulo, Revista dos Tribunais, 2006. p. 721.) Na presente obra adotar-se-á, portanto a distinção entre proposta e oferta, por respeito à – e consciência acerca da importância da – técnica jurídica, também individualizadora de conceitos diversos.

[48] Vale ressalvar que o aceite aqui exigido (o da aceitação da proposta) não se confunde com o aceite "[...] que se apõe em títulos de saque, mera manifestação unilateral de vontade. Por ela o dador do aceite vincula-se, como qualquer manifestante unilateral de vontade" (PONTES DE MIRANDA, *Tratado...*, v. 38, p. 28).

conter os requisitos essenciais do contrato, e, por isso mesmo, vincula o proponente à integralidade de seus termos.[49] Já a oferta significa uma espécie de convite a contratar, não contendo em seus termos os requisitos essenciais do contrato, não vinculando, por isso, o ofertante.[50]

À oferta, por se tratar freqüentemente da primeira – ou, necessariamente, da penúltima – declaração que visa à conclusão do negócio, sucederá a aceitação ou a recusa. Se sobrevier a aceitação, o contrato restará concluído, tratando-se, na verdade, de proposta, e não de oferta; sobrevindo a recusa, poderão seguir novas ofertas e eventuais aceitações, pois, nessa hipótese, estar-se-á diante de oferta, efetivamente.

Além de ser considerada uma declaração que visa diretamente à conclusão do contrato, pode-se definir proposta, adjetivando-se essa declaração negocial, da seguinte forma: firme declaração receptícia dirigida à pessoa com a qual alguém pretende celebrar um contrato, ou ao público.[51] Para Beviláqua, "há proposta quando ela se refere aos pontos essenciais do contrato, e o proponente não se reservou o direito de retirá-la ao receber a aceitação, de modo que, dada a aceitação, esteja formado o contrato".[52]

A proposta, por conseguinte, é uma declaração de vontade que deve, para ser assim qualificada, no entendimento da doutrina nacional, ser *séria* e *precisa*, contendo as linhas estruturais e essenciais do contrato em vista. Segundo Venosa, uma proposta séria é aquela que evidencia efetiva vontade de contratar e não uma declaração que demonstre um simples espírito jocoso ou social.[53]

---

[49] Fundamental destacar, quanto à característica afirmativa (concordante, congruente) da aceitação, a correta ressalva de Ferreira de Almeida: "Esta característica de *conformidade* tem sido exagerada, sendo vulgar dizer-se que a aceitação se limita à enunciação de um 'sim'. Tal simplificação atinge mesmo o conceito de proposta, formulado – com frequência [...] – sobre a ideia de que só há proposta quando a resposta 'sim' seja bastante para que o contrato se forme". E, mais adiante: "A proposta não deixa de ser precisa só porque admite algum espaço de livre escolha pelo potencial aceitante. Nestes casos, a aceitação pode, dentro dos limites do domínio traçado na proposta, integrar um componente de fixação [...] de algum elemento contratual genérico [...]". Por fim, diz o mesmo autor que: "Na realidade, a aceitação admite maior elasticidade, desde que não envolva aditamento, limitação ou modificação dos termos da proposta". (FERREIRA DE ALMEIDA, *Contratos I...*, p. 107-108).

[50] No decorrer deste Capítulo 1 serão enfrentadas de forma mais pormenorizada as diferenças entre proposta e oferta, sendo que as presentes considerações devem ser tidas como preliminares apenas.

[51] Assim, GOMES, *Contratos...*, p. 62.

[52] BEVILÁQUA, Clóvis. *Código Civil Comentado*. 10. ed. Rio de Janeiro: Francisco Alves, 1955. v. 4. p. 195.

[53] Assim, VENOSA, Sílvio de Salvo. *Direito civil*: teoria geral das obrigações e teoria geral dos contratos. 7. ed. São Paulo: Atlas, 2007. p. 481. Na doutrina nacional não há identidade de terminologia para designação dos requisitos da proposta. Fala-se na necessidade de existência

Na doutrina portuguesa, Menezes Cordeiro explica que a eficácia da proposta consiste em criar, para o destinatário, o direito potestativo de, pela aceitação, fazer nascer o contrato proposto,[54] devendo possuir as seguintes características: completude, precisão, firmeza (ou seriedade) e adequação formal.[55] É de constatar-se que tais peculiaridades estão perfeitamente ajustadas ao Direito brasileiro.[56]

Esclarece Ferreira de Almeida, quanto ao requisito da *completude*, que na medida em que cada contrato é composto por um conjunto específico de elementos constantes das respectivas cláusulas, os critérios aptos a aferir a completude da proposta são complexos e variáveis. Para cada tipo contratual corresponderá um conteúdo mínimo, para aquém do qual o contrato não se formará. Desse modo, a verificação da completude da proposta tem de ser aferida caso a caso, em vista do específico negócio a ser formado. Em realidade, se o contrato não se conclui enquanto as partes não acordam em todas as cláusulas sobre as quais qualquer delas tenha julgado necessário o acordo, então cabe ao proponente considerar que sua declaração contém o projeto de todas as cláusulas contratuais indispensáveis.[57]

O requisito da *precisão* diz respeito, basicamente, ao fato de que o simples aceite do declaratário baste para que as cláusulas contratuais estejam definidas e o contrato se forme. Ferreira de Almeida, todavia, ressalta com exatidão que esse requisito não pode ser tomado ou encarado de forma exacerbada, a fim de que não se crie a esdrúxula situação de o conteúdo da proposta comportar mais exigências do que o próprio contrato que se está a propor.[58]

Quanto à imperativa *firmeza* da proposta, esse requisito em muito se assemelha – talvez até se iguale – ao requisito de seriedade, indicado pela doutrina brasileira porque a firmeza significa, em resumo, a característica de declaração reveladora de uma vontade séria e definitiva de contratar.[59]

---

das seguintes qualidades para a caracterização da proposta, querendo designar-se a mesma coisa: deve ser firme, séria, inequívoca, objetiva; além de dever ser completa, precisa, clara. Nesse sentido, veja-se GOMES, op. cit., passim e PEREIRA, Caio Mário da Silva. *Instituições de direito civil*: contratos. 11. ed. Rio de Janeiro: Forense, 2003. v. 3, passim.

[54] Conforme MENEZES CORDEIRO, António Manuel da Rocha e. *Tratado de Direito Civil português*: I – parte geral. 3. ed. Coimbra: Almedina, 2005. v. 1, p. 515.

[55] Assim, Ibid., p. 553.

[56] Em geral, os autores brasileiros, como acima exposto, referem que a proposta deve ser séria e conter os elementos essenciais do contrato, sem, no entanto, alongar-se na análise do significado de cada um dos requisitos.

[57] Assim, FERREIRA DE ALMEIDA, *Contratos I...*, p. 100.

[58] Nesse sentido, FERREIRA DE ALMEIDA, *Contratos I...*, p. 101.

[59] Ibid., p. 102.

Finalmente, a necessidade de ser a proposta *formalmente adequada* consiste em requisito que se relacionará ao contrato em espécie que se está a formar e variará conforme o caso concreto. As ressalvas a serem feitas quanto a esse requisito dizem respeito à vedação, em certas circunstâncias, ao excesso de formalidade (o que deverá ser averiguado segundo a lei, quando impositiva de forma e segundo os usos como critério hermenêutico), bem como ao fato de a forma pela qual se dá a declaração também relacionar-se à aceitação e não apenas à proposta,[60] condição, por vezes, de maior relevância do que sua análise formal.[61]

Retomando-se o Direito nacional, lembre-se que o Código Civil brasileiro dispõe em seu artigo 427[62] que a proposta vincula o policitante, quem deverá cumprir seus termos, sob pena de pagamento das perdas e danos efetivamente causados na hipótese de não honrá-la, ressalvados os casos previstos no próprio artigo. As exceções à regra da vinculação do proponente e à proposta feita são: (i) os termos da própria proposta; (ii) a natureza do negócio; ou (iii) as circunstâncias do caso, ressalvados, naturalmente, os casos e condições de revogação previstos no artigo 428 do referido diploma, que adiante será abordado.

No que diz respeito à primeira exceção – termos da proposta – no mínimo duas são as situações que a configuram. O primeiro exemplo é a declaração não conter as características mínimas do contrato, que é um dos requisitos da proposta, até porque, nesta hipótese, estar-se-á apenas diante de uma oferta. Já o segundo exemplo é a ressalva de a não vinculação integrar o texto da proposta, por meio de expressões como *sujeita à confirmação* ou *exclusivamente para fins de convite*. Explicitamente a "proposta" não obriga o policitante e, por isso mesmo, constitui-se em uma oferta e não em uma proposta.

A concepção das duas últimas exceções – "ii" e "iii" – dependerá, sempre, de uma análise pormenorizada do efetivo contrato bem como das circunstâncias subjetivas dos contratantes e das demais circunstâncias que tenham revestido, no caso, a proposta.[63] Um

---

[60] FERREIRA DE ALMEIDA, *Contratos I...*, p. 101.

[61] Tanto é assim que o Capítulo 2 será, quase que integralmente, dedicado às formas pelas quais a aceitação pode ser declarada.

[62] "Art. 427. A proposta de contrato obriga o proponente, se o contrário não resultar dos termos dela, da natureza do negócio, ou das circunstâncias do caso".

[63] Assim, Ludwig: "A 'natureza da obrigação' será aferida de acordo com o que é usual e razoável na espécie, de modo que parece indispensável uma interação hermenêutica entre as dimensões fática e valorativa do mesmo fenômeno jurídico, a fim de que o intérprete possa precisar o significado do termo indeterminado em questão naquele caso concreto". (LUDWIG, Marcos de Campos. *Usos e costumes no processo obrigacional*: fundamentos e aplicação em face do novo código civil. São Paulo: Revista dos Tribunais, 2005. p. 132).

exemplo de a natureza do negócio afastar a vinculação mediante a proposta diz respeito ao contrato de seguro, pois a proposta "[...] deverá ajustar-se às circunstâncias particulares de cada contratante e/ou do bem em concreto a ser objeto da apólice".[64] Isso não significa, no entanto, que não possam ser geradas outras eficácias que não a de vinculação *negocial*. Assim, por exemplo, pode haver eficácias de proteção, caracteristicamente pré-negociais ou mesmo em outros campos jurídicos, como esclarece Martins-Costa.[65]

Por sua vez, o critério das circunstâncias do caso pode afastar a eficácia de vinculação negocial típica da proposta. Exemplificativamente, se a proposta houver se dado entre presentes e o oblato a tiver recusado, ou seja: proposta e recusa ocorrendo de forma praticamente simultânea, a partir da recusa o proponente não mais permanecerá vinculado à proposta, não mais estando adstrito a mantê-la.[66] Para além das hipóteses previstas no artigo 428 do Código Civil, também poderá configurar-se, no caso, a ausência de força vinculativa se assim indicarem os usos. Exemplo disso é o que ocorre em certos setores do comércio em que mesmo a proposta "séria e firme" vem a integrar uma espécie de procedimento de consulta em um círculo mais ou menos restrito, que não recaia na órbita do artigo 429 do mesmo diploma: utilizando-se o mecanismo do concurso, a empresa proponente (consultante) fornece às potenciais interessadas uma minuta sobre o futuro conteúdo contratual, a fim de decidir, apenas quando recebidas todas as respostas (aceitações), sobre a que a melhor lhe convém.[67]

Por fim, ainda sobre vinculação (força vinculante) da proposta, importa mencionar o disposto no artigo 428 do Código Civil,[68] o

---

[64] Assim, TEPEDINO; BARBOSA; MORAES, *Código Civil...*, p. 40-41.

[65] Segundo a autora, "[...] a fase pré-negocial pode ainda conter declarações não negocialmente vinculativas, como 'declarações de intenção', 'acordos de princípios' ou 'memorando de entendimentos' que não constituem, em regra, negócios jurídicos, embora possam eventualmente consistir, pois a questão não é de denominação, apenas, mas do exame do conteúdo e das circunstâncias. Seja como for, o fato de esses ajustes não terem eficácia negocial, como regra, não significa serem destituídos de qualquer eficácia. Pode haver eficácia, por exemplo, no campo concorrencial (como ato de concorrência desleal) ou para a hermenêutica do negócio jurídico ao final formado. E também pode haver eficácia no campo da responsabilidade extranegocial e pré-negocial, caso um desses documentos produza danos a terceiros em geral ou ao parceiro pré-contratual. De toda forma é preciso examinar se houve a assunção de obrigação voluntariamente assumida ou não". (MARTINS-COSTA, Judith. *Um aspecto da obrigação de indenizar*: notas para uma sistematização dos deveres pré-negociais de proteção no Direito Civil brasileiro. No prelo).

[66] Além disso, as próprias exceções previstas no artigo 428 do Código Civil são exemplos dessas circunstâncias que constituem exceção ao previsto no artigo 427. Nesse sentido, TEPEDINO; BARBOSA; MORAES, op. cit., p. 41.

[67] Assim MARTINS-COSTA, Judith. *Um aspecto...*

[68] "Art. 428. Deixa de ser obrigatória a proposta: I – se, feita sem prazo a pessoa presente, não foi imediatamente aceita. Considera-se também presente a pessoa que contrata por telefone ou

qual elenca os pressupostos que, uma vez observados, levam à não vinculabilidade da proposta. É preciso também enfrentar a questão de as partes envolvidas serem *presentes* ou *ausentes* quando da efetivação da proposta pelo policitante.

O que deve ser avaliado para que se considere um contrato como formado *entre presentes* ou *entre ausentes* é a possibilidade ou não de oferecimento de resposta imediata e não o fato de as declarações serem presenciais ou não, como já se cogitou no passado.[69] Isso porque, hoje, é bastante comum que os contratos instantâneos formem-se sem que as pessoas estejam presencialmente juntas, mas, por exemplo, ambas ao telefone, em comunicação *online*,[70] em tempo real etc.. Isso significa que as partes estão separadas por longa distância, mas é como se estivessem frente a frente, daí porque se considera que o contrato se formou entre presentes.[71]

Essa, assim como a da majoritária doutrina brasileira, também é a acepção da doutrina portuguesa, a qual entende que os contratos formam-se entre presentes quando não há, entre as declarações, um "intervalo de tempo juridicamente relevante" e formam-se entre ausentes quando as declarações são separadas por "intervalo de tempo donde emergem consequências jurídicas".[72]

Diz-se, por conseguinte, que a proposta dá-se entre presentes quando existem condições materiais para pronta resposta – acerca do aceite – do oblato ao proponente. Com efeito, a formação do contrato será considerada *entre presentes* quando ela ocorrer instantaneamente. Afora o entendimento doutrinário acima exposto, também as disposições do Código Civil brasileiro definem que, além da presença física, as comunicações *online*,[73] por telefone ou *por meio de comunicação semelhante*[74] são tidas como *entre presentes*. A vinculação do policitante à proposta, nessas hipóteses, extingue-se sempre que

---

por meio de comunicação semelhante; II – se, feita sem prazo a pessoa ausente, tiver decorrido tempo suficiente para chegar a resposta ao conhecimento do proponente; III – se, feita a pessoa ausente, não tiver sido expedida a resposta dentro do prazo dado; IV – se, antes dela, ou simultaneamente, chegar ao conhecimento da outra parte a retratação do proponente".

[69] Conforme VENOSA, Sílvio de Salvo. *Direito civil*: teoria geral das obrigações e teoria geral dos contratos. 2. ed. São Paulo: Atlas, 2002. p. 519.

[70] Optou-se por utilizar expressões relacionadas à realidade digital tal como na linguagem falada, na língua inglesa, portanto, a fim de se proporcionar uma exata compreensão do que se está a tratar.

[71] Conforme GOMES, *Contratos...*, p. 68.

[72] Assim, MENEZES CORDEIRO, *Tratado...*, p. 551.

[73] Desde que instantâneas, como, por exemplo, via *chat*.

[74] Essa expressão é do Código Civil, conforme termos do art. 428, I, transcrito na nota de rodapé número 68.

a proposta tenha sido feita sem prazo, caso não haja imediata aceitação.

Conclui-se, portanto, no que concerne à vinculação do proponente, nas propostas entre presentes, que ela se estenderá até o final do prazo estipulado nos termos da proposta, ou cessará imediatamente, caso não haja aceitação, quando não houver prazo de duração estipulado.

Está-se, por outro lado, diante de proposta a pessoa ausente quando ela for dirigida a quem não possua condições materiais de dar imediata resposta ao proponente. Haverá, desse modo, intervalo entre a proposta e a aceitação. Nesse caso, considerando-se o caráter de declaração receptícia da proposta, o momento inicial de sua eficácia será aquele no qual o oblato tomar conhecimento de seu conteúdo. A oportunidade em que a proposta entre ausentes se firma "deve ser, por conseguinte, o da sua *recepção* pelo eventual *aceitante*".[75]

Quanto a esse tipo de proposta, entre ausentes, as seguintes situações devem ser referidas, sendo as duas primeiras relativas à vinculação do proponente. Primeiramente, estando-se diante de proposta sem prazo, deixa esta de ser obrigatória quando tiver decorrido tempo suficiente para chegar a resposta ao conhecimento do proponente. Dado o que ordinariamente ocorre, se a contratação se desse por troca de correspondência tradicional, por exemplo, computar-se-ia o tempo médio de trâmite do correio, a fim de que se pudesse concluir que a proposta deixara de ser obrigatória. Esse tempo razoável de espera foi denominado, há muito, pela doutrina nacional, *prazo moral*, que não será nem tão longo (mantendo o proponente suspenso por um período demasiado de tempo), nem tão curto (impedindo o oblato de bem analisar a proposta).[76]

Em segundo lugar, a proposta a pessoa ausente com prazo dado deixa de ser obrigatória se a resposta não tiver sido expedida dentro do prazo concedido pelo policitante para resposta.

Seguindo a linha do exposto, há que se concluir e indicar, de forma breve, que o sistema pelo qual optou o legislador brasileiro para contratos entre ausentes foi o da *expedição* – espécie do *sistema da declaração*, conforme Gomes[77] – segundo o qual o contrato se forma no momento em que o oblato expede a resposta afirmativa. Nesse sentido é o texto do artigo 434 do Código Civil;[78] as exceções à

---

[75] GOMES, *Contratos...*, p. 63.

[76] Conforme PEREIRA, *Instituições...*, p. 43.

[77] Como assevera GOMES, *Contratos...*, p. 69.

[78] "Art. 434. Os contratos entre ausentes tornam-se perfeitos desde que a aceitação é expedida, exceto: I – no caso do artigo antecedente; II – se o proponente se houver comprometido a

regra encontram-se no próprio artigo. Alude igualmente Gomes que os sistemas legislativos ainda não são pacíficos quanto ao sistema a ser adotado.[79]

Em terceiro lugar, ainda no que diz respeito aos casos de proposta a pessoa ausente – ou *entre ausentes* – independentemente de se estar diante de proposta com ou sem prazo de aceitação estipulado,[80] deixa de ser obrigatória a proposta se, antes dela, ou simultaneamente a ela, chegar ao conhecimento da outra parte a retratação do proponente. A retratação, por também se tratar de declaração receptícia, necessita chegar ao conhecimento do oblato para que se torne eficaz. Chegando ao conhecimento do oblato depois da proposta, a retratação será ineficaz, pois tardia.[81] Restará saber se o recebimento da retratação deu-se antes de expedida a resposta e, portanto, ainda antes da formação do contrato, ou depois, caso em que chega após o contrato ter se formado. Isso porque as soluções serão diversas no que tange à responsabilidade do proponente em cada situação. Na primeira suposição, por se tratar ainda da fase pré-contratual, a responsabilidade do policitante será referente à indenização por danos negativos, vale dizer, pelos prejuízos que o oblato tiver sofrido por haver confiado na celebração do contrato. Na segunda suposição, uma vez que o contrato já estará formado, estar-se-á diante de hipótese de responsabilidade contratual e restará o proponente obrigado a reparar os danos positivos, resultantes da inexecução do contrato.[82]

Além da vinculação do policitante à proposta por ele feita, cumpre igualmente atentar, a fim de que não haja confusão, para a natureza da vinculação (ou obrigação *stricto sensu*, conforme o caso) das partes. Só há vinculação de ambas as partes quando se opera a conclusão do contrato e essa deve ser a respeito dos pontos sobre os quais houve acordo final.[83] Quer dizer, a eficácia vinculativa do contrato propriamente dito dá-se quando o contrato já se formou. A vinculação de que trata o artigo 427 do Código Civil[84] é a do propo-

---

esperar resposta; III – se ela não chegar no prazo convencionado". Veja-se também o teor do artigo 433: "Art. 433. Considera-se inexistente a aceitação, se antes dela ou com ela chegar ao proponente a retratação do aceitante".

[79] Assim, GOMES, op. cit., p. 68.

[80] A questão da não-vinculação desta última hipótese à existência ou não de prazo para aceitação é levantada por PONTES DE MIRANDA, *Tratado...*, v. 38, p. 50.

[81] Conforme artigo 428, IV do Código Civil, transcrito na nota de rodapé número 68.

[82] Sobre o assunto da retratação e sobre a terminologia *danos positivos* e *danos negativos*, ver GOMES, *Contratos...*, p. 67.

[83] Nesse sentido, PONTES DE MIRANDA, *Tratado...*, v. 38, p. 26-27.

[84] O teor do artigo 427 foi transcrito na nota de rodapé número 62.

nente, que se vincula *por* sua proposta e *à* sua proposta,[85] como negócio jurídico unilateral que é. Essa é a eficácia vinculante da proposta, vinculação negocial, embora ainda não contratual, muito embora o texto da lei utilize a expressão *obriga*, podendo dar a entender que o proponente ficaria obrigado a efetuar a prestação principal. Há, portanto, vinculação no plano do Direito obrigacional, sem que haja obrigação contratual ainda.[86]

Referida individualização é importante, especialmente no que diz respeito às conseqüências de cada vinculação. A vinculação da qual se está tratando, portanto, "[...] resulta de negócio jurídico unilateral, a oferta, com que se há de concluir, com a aceitação, o negócio jurídico bilateral ou plurilateral",[87] pois a obrigação contratual principal só nascerá após a aceitação, quando da formação do contrato.

Há, por fim, que se verificar como a proposta pode ser perfectibilizada.

A proposta pode dar-se de mais de uma forma. Poderá ser (i) escrita – quando efetivada, por exemplo, por meio de carta, ou instrumento escrito entregue pessoalmente ou pelo correio; (ii) oral – nos casos em que de viva voz se perfectibiliza; ou (iii) tácita – exemplificativamente, quando demonstrada por atos inequívocos, como no caso de exposição de objetos, com seus respectivos preços, em uma loja.

Ainda no que tange às formas, verifica-se que não há falar em proposta silenciosa ou silêncio como forma de (declaração negocial em forma de) proposta. A exposição de objetos em estantes, por exemplo, constitui proposta tácita, uma vez que há prática de atos pelo vendedor em questão, qual seja, justamente, a disposição dos produtos, desde que estejam claros os elementos mínimos essenciais do contrato a ser formado.

---

[85] Quer dizer, por haver realizado a oferta *e* por manter e honrar com o seu conteúdo.

[86] Assim, Martins-Costa: Por isso é que a oferta, nos termos do art. 1.081, traz vinculação, mas ainda não traz obrigação, na medida em que ainda não há para o ofertante, antes da aceitação, *o dever de prestar* – o *dare*, o *facere* e o *non facere*. Este só nasce com a 'colagem' entre os dois negócios jurídicos unilaterais, a oferta e a aceitação, porque só aí surge o negócio jurídico bilateral. Antes desse momento, nos termos do Código Civil, não há, por parte do oblato – aquele a quem foi dirigida a oferta – pretensão a uma prestação por parte do oferente. Mas há, isso sim, *vinculação jurídica* porque se criou *relação jurídica pessoal*. Há o *dever de manter a oferta*, se esta foi irrevogável, mas não há obrigação em sentido estrito, ou técnico". (MARTINS-COSTA, Judith. *A boa-fé no direito privado*. São Paulo: Revista dos Tribunais, 2000. p. 511).

[87] PONTES DE MIRANDA, op. cit., p. 48. No trecho transcrito, Pontes utilizou-se da expressão *oferta* quando, na verdade, estava referindo-se a *proposta*, o que demonstra o emprego de ambas as expressões como sinônimos pela doutrina.

Na medida em que o silêncio, como se verá, parte da idéia de inação, não se pode, portanto, considerar que alguém inerte, sem praticar nenhuma ação, e sem palavras faça a outrem uma proposta contratual. Ademais, é de constatar-se que a diversidade dos requisitos indispensáveis da proposta, especialmente o da necessidade de em seu conteúdo estarem contidos os elementos essenciais do contrato, a impede de ser feita de forma silenciosa.

1.2. Modalidades de proposta – e oferta

A proposta, conforme referido anteriormente, pode ocorrer por vários meios e ser dirigida a diferentes destinatários: a uma pessoa, a várias, ou ao público,[88] podendo ser seus destinatários determinados ou determináveis. A proposta feita a pessoa determinada não apresenta, além dos requisitos já enfrentados, nenhuma peculiaridade. Independentemente de o oblato ter ou não condições de fornecer uma resposta imediata, ou seja, de ser a proposta considerada a presente ou a ausente, a proposta será especificamente dirigida àquele destinatário, daí porque se fala em destinatário determinado.

Assim são, dentre outras, as propostas feitas por telefone a uma pessoa específica, tanto física quanto jurídica. Pense-se no exemplo de alguém ter conhecimento acerca do interesse de um amigo em adquirir seu veículo automotor, quando resolve vendê-lo. Aquele que quer se desfazer do veículo entrará em contato com seu amigo – quem havia manifestado interesse em adquiri-lo – e fará a proposta especificamente para ele, para destinatário determinado, portanto. Da mesma forma acontece com a contratação entre duas sociedades empresárias, quando uma delas faz proposta diretamente à outra por *e-mail*, por exemplo.

Quando a proposta não é destinada a uma pessoa determinada, mas trata-se de *proposta ad incertam personam*, está-se diante de outra modalidade de proposta (ou oferta), qual seja, a *oferta ao público*.[89]

Com relação à oferta ao público, o Código Civil, em seu artigo 429, consagrou o entendimento predominante da doutrina en-

---

[88] Assim, PONTES DE MIRANDA, *Tratado...*, v. 38, p. 27.

[89] Em Portugal, que é um dos sistemas comparados que embasa este livro, Ferreira de Almeida assim define estas duas modalidades: "A proposta contratual pode ser dirigida a uma ou mais pessoas determinadas (tendo então a natureza de declaração recipienda) ou ser dirigida a um círculo indeterminado de pessoas (tendo então natureza de declaração não-recipienda). Nessa segunda hipótese, toma o nome de proposta ao público". (FERREIRA DE ALMEIDA, *Contratos I...*, p. 104).

tão existente no âmbito do antigo Código Civil de 1916,[90] dispondo que: "A oferta ao público equivale a proposta quando encerra os requisitos essenciais do contrato, salvo se o contrário resultar das circunstâncias ou dos usos. [...]". Tratando-se a oferta ao público de proposta, por força do referido dispositivo, vinculará o emissor a seus termos, respeitados os casos abrangidos pela exceção prevista no próprio artigo.

Desse modo, a disciplina do atual Código Civil evita que eventual proponente, tendo feito proposta e tendo nela disposto sobre os requisitos essenciais do contrato, venha a alegar que aquela declaração, em verdade, tratava-se de "mera" oferta, tentando esquivar-se da vinculação aos exatos termos integrantes da declaração que a proposta, ao contrário da oferta, impõe. O regramento é capaz de impedir alegações furtivas de declaratários tendentes a caracterizar propostas como ofertas, da forma que já ocorrera no âmbito do Código Civil de 1916, cujo entendimento de interpretação no sentido da disposição do atual Código Civil demorou a firmar-se.

Ilustrativa ao tema é constatação feita por Pontes de Miranda, ao analisar a proposta presente em contratos formados pela adesão a condições gerais dos negócios, asseverando:

> Os *contratos de adesão* supõem oferta e complemento da aceitação pelos membros do público, um de cada vez. A oferta é a todos que satisfaçam os pressupostos. Não há promessa ao público;[91] há oferta ao público. Assim, há muito nas ofertas ao público, que se parece com a promessa ao público, mas, ali, há bilateralidade, o que, aqui, não existe, nem poderia existir [...]
>
> O público aceita, em cada caso, o que foi a *oferta* a todos, e não a *unus ex publico* [...]
>
> As invitações à massa e as ofertas ao público atendem à vida contemporânea sem que possamos negar que nas feiras antigas, por tôdas as partes do mundo, não tenha havido compras por pessoas desconhecidas, navegadores que passam [...]
>
> O contrato de massa, ou com a massa, não é decorrente de oferta ao público, é precedido de invitação ao público. O contrato de adesão é decorrente de oferta ao público, e cada pessoa, que adere, aceita.[92]

Focando-se na oferta ao público, e, nesse momento, especificamente no regramento das relações jurídicas de consumo, menciona-se que também a disposição de produtos de consumo em vitrines,

---

[90] Conforme GOMES, *Contratos...*, p. 62.

[91] O novo Código Civil brasileiro (tanto o atual quanto o de 1916) refere-se à *promessa de recompensa* para designar o que Pontes de Miranda nomeia de *promessa ao público*. A promessa, no entanto, não será objeto de análise no âmbito do presente, pois é quando há proposta ou oferta que valerá examinar se o contrato formar-se-á por meio do silêncio.

[92] PONTES DE MIRANDA, *Tratado...*, v. 38, p. 34 e p. 36.

mostruários, catálogos etc. é considerada pelo Código de Defesa do Consumidor uma forma de oferta ao público.[93] Nos termos do artigo 30 do Código de Defesa do Consumidor,[94] desde que "suficientemente precisa", a oferta vinculará o proponente sempre que encerrados os requisitos essenciais do contrato.[95] Portanto, a exposição de mercadorias, desde que "suficientemente precisa", discriminando ao menos a coisa e o preço, e suposta, pelas circunstâncias da exposição, a vontade negocial, será exemplo de proposta. Se os preços estiverem afixados nas mercadorias – além do fornecimento de outras informações consideradas necessárias – o aceite (simples) do consumidor concretizará o contrato de compra e venda.[96] Nesse caso, pode-se falar em oferta tácita.[97] Para a oferta ao público consumidor efetivada por quem seja fornecedor, as regras aplicáveis serão as do Código de Defesa do Consumidor.[98]

Também na relação de consumo há diferença entre proposta e oferta. Nada obstante a avaliação de Marques acerca da nova no-

---

[93] Para um estudo mais aprofundado sobre a comparação entre proposta, oferta, oferta ao público e convite a contratar no âmbito do Código de Defesa do Consumidor e do Código Civil – ainda que relacionado ao Código Civil de 1916 – ver PASQUALOTTO, Adalberto. *Os efeitos da publicidade no Código de Defesa do Consumidor*. São Paulo: Revista dos Tribunais, 1997. p. 40-63, especialmente.

[94] "Art. 30. "Toda informação ou publicidade, suficientemente precisa, veiculada por qualquer forma ou meio de comunicação com relação a produtos e serviços oferecidos ou apresentados, obriga o fornecedor que a fizer veicular ou dela se utilizar e integra o contrato que vier a ser celebrado".

[95] Nesse sentido, VENOSA, *Direito...*, p. 515.

[96] No Direito alemão, por exemplo, importa destacar que a exposição de produtos com os respectivos preços em prateleira de uma loja, diferentemente do que ocorre no Brasil e em Portugal, não é considerada proposta ou oferta, mas, no máximo, convite a fazer oferta. Da mesma forma ocorre com o envio de listas de preços de produtos a um consumidor. A proposta será feita pelo comprador. O sistema adviria de uma garantia maior ao respeito à autonomia privada, no que se refere à possibilidade de escolha das partes acerca de com quem contratar: poderia o vendedor negar-se a contratar com determinado comprador, por exemplo, recusando a sua "proposta de compra". Veja-se, assim, a explanação de Larenz: "[...] la propuesta de contrato consiste sólo em la declaración del comprador de querer adquirir un objeto determinado al precio indicado. Solo cuando el vendedor acepta esta propuesta se ha efectuado la compraventa". (LARENZ, Karl. *Derecho civil*: parte general. Traducción y notas. de Miguel Izquierdo y Macías – Picavea. Madrid: EDERSA, 1978. p. 709).

[97] Assim, PONTES DE MIRANDA, *Tratado...*, v. 38, p. 32.

[98] São aplicáveis à espécie especialmente o artigo 6º, inciso III, que reza: "Art. 6º São direitos básicos do consumidor: [...] III – a informação adequada e clara sobre os diferentes produtos e serviços, com especificação correta de quantidade, características, composição, qualidade e preço, bem como sobre os riscos que apresentem"; o artigo 31, que dispõe: "Art. 31. A oferta e apresentação de produtos ou serviços devem assegurar informações corretas, claras, precisas, ostensivas e em língua portuguesa sobre suas características, qualidades, quantidade, composição, preço, garantia, prazos de validade e origem, entre outros dados, bem como sobre os riscos que apresentam à saúde e segurança dos consumidores"; e o artigo 35, transcrito na nota de rodapé número 101, todos do Código de Defesa do Consumidor, os quais tratam dos requisitos da oferta ao público, assim como da informação *lato sensu* ao consumidor, nesse âmbito de relação jurídica.

ção de oferta introduzida pelo Código de Defesa do Consumidor e do caráter sempre vinculativo das ofertas que partam dos fornecedores[99] – idéia com a qual se concorda – é preciso esclarecer que proposta e oferta, ainda assim, não devem ser igualadas no âmbito das relações de consumo. Proposta e oferta permanecem diversas no que tange ao requisito de, nos termos da declaração, constarem ou não os elementos essenciais do contrato a ser formado. Presentes tais elementos na declaração, tratar-se-á de proposta; ausentes, caracterizará uma oferta.

A questão da formação imediata do contrato também restou inalterada no sistema do Código de Defesa do Consumidor: se existe uma proposta, bastará o aceite do consumidor a fim de que o contrato esteja formado; havendo apenas uma oferta, não. Quanto a esse último ponto, parece não haver dúvidas, pois, se a oferta não traz em si todos os elementos essenciais do contrato – ainda que os mínimos – não é possível que, com o simples aceite do oblato, no caso o consumidor, o contrato se forme.

O que não se pode negar, porém, é que, de fato, no âmbito das relações de consumo, tanto a proposta quanto a oferta vinculam contratualmente o declarante, desde que a oferta seja suficientemente precisa,[100] tendo o consumidor inclusive a pretensão a exigir o cumprimento forçado, nos termos do artigo 35 do Código de Defesa do Consumidor,[101] como se verá adiante. Diferentemente, portanto, ocorre no âmbito das relações entre civis *stricto sensu*, nas quais a eficácia é diversa: o proponente vincula-se a manter a proposta. O que variará, por conseguinte, será a abrangência ou o alcance da vinculação relativa à proposta e à oferta. A vinculação do proponente à proposta será mais ampla do que a do oferente à oferta, pois aquela englobará mais especificidades do que esta, na medida em que, necessariamente, a proposta encerrará os requisitos essenciais do contrato.

---

[99] Conforme MARQUES, *Contratos...*, p. 720 et seq.

[100] Sobre o necessário requisito de precisão suficiente da oferta, a fim de que ela vincule o oferente, comenta Venosa: "[...] nos temos do princípio tradicional de Direito Civil, a proposta deve ser séria. Nesse sentido, não pode ser levado em conta anúncio de imóveis do tipo "venha morar como um rei" ou "more em um paraíso", pois seu conteúdo de generalidade não tem condições de ser vinculativo. Por outro lado, se a divulgação menciona, por exemplo, "aquecimento central" ou "tábuas de ipê na área social", inegavelmente representam verdadeiras cláusulas contratuais". (VENOSA, *Direito...*, p. 524).

[101] Conforme artigo 35 do Código de Defesa do Consumidor, que dispõe: "Art. 35. Se o fornecedor de produtos ou serviços recusar cumprimento à oferta, apresentação ou publicidade, o consumidor poderá, alternativamente e à sua livre escolha: I – exigir o cumprimento forçado da obrigação, nos termos da oferta, apresentação ou publicidade; II – aceitar outro produto ou prestação de serviço equivalente; III – rescindir o contrato, com direito à restituição de quantia eventualmente antecipada, monetariamente atualizada, e a perdas e danos".

Vejam-se os adjacentes exemplos, iniciando-se pelo seguinte anúncio de uma concessionária de automóveis: "Vendem-se automóveis do modelo Corsa, marca *General Motors*, preços baixos". Trata-se o anúncio, flagrantemente, de uma oferta, pois não encerra os requisitos essenciais do contrato de compra e venda que visa a formar, faltando o preço e, eventualmente, as condições. Dessa feita, o fornecedor estará vinculado até o limite da oferta, ou seja, ele deverá possuir pelo menos dois automóveis do modelo Corsa, marca *General Motors* para venda e sua vinculação terminará nesse limite. Caso, entretanto, o anúncio seja o seguinte: "Vende-se automóvel do modelo Corsa, marca *General Motors*, cor preta, ano 2006, por apenas R$ 31.000,00 em 10 parcelas iguais", na medida em que contém *todos* os elementos fundamentais do contrato de compra e venda (coisa, preço, consentimento e, inclusive, as condições), caracteriza uma proposta e o fornecedor ficará vinculado à integralidade dos termos dela, podendo com um simples aceite do comprador ter-se formado o contrato. Nesse caso, não poderia o vendedor exigir o preço à vista, ou pedir preço diverso, ou querer vender outro automóvel que não o Corsa, ano 2006. A extensão da vinculação desse último exemplo é, portanto, muito maior do que a do primeiro.

Regressando-se às relações de Direito Civil *stricto sensu* e ao exemplo anteriormente referido – o de alguém que pretende vender seu automóvel – imagine-se, agora, que o vendedor não tem para quem oferecer seu automóvel, ou seja, não há mais aquele amigo interessado na aquisição. Nesse caso, o vendedor poderá fazer uma oferta ao público, anunciando seu veículo nos classificados de um jornal. Estar-se-á, então, diante de uma proposta ao público – se os requisitos essenciais à formação do contrato estiverem presentes – e o vendedor vincular-se-á. Não estando esses requisitos presentes, não se vinculará o vendedor, pois será uma mera oferta (ou seja, convite a contratar).

Na doutrina portuguesa, Ferreira de Almeida esclarece que as ofertas ao público tanto podem visar à celebração de um único contrato (vide o exemplo do automóvel anunciado nos classificados de um jornal) como a celebração de vários contratos: o próprio autor menciona a possibilidade de venda de bens fungíveis (mercadorias etc.) ou infungíveis (vários automóveis usados).[102] Ainda de acordo com o referido autor, as características específicas da proposta ao público são "além da *indeterminação pessoal do declaratário*, a fungibi-

---

[102] Conforme FERREIRA DE ALMEIDA, *Contratos I...*, p. 104.

O SILÊNCIO NA FORMAÇÃO DOS CONTRATOS

lidade da pessoa do futuro ou dos futuros contraentes e a utilização de um anúncio público como meio de difusão".[103]

Logo, como forma de diferenciação da proposta em geral, a proposta ao público tem o público como destinatário e declaratário. Os exemplos serão todos aqueles nos quais o destinatário puder ser determinável, vale dizer, sua determinação imediata não é importante para a caracterização e para a própria existência da proposta. Pode-se, desse modo, pensar em proposta ao público a se efetivar, desde que contenham os requisitos mínimos essenciais ao contrato, por meio de: (i) anúncios inseridos na imprensa escrita ou falada ou difundidos em propagandas televisivas ou na *Internet*; (ii) catálogos ou encartes publicitários; (iii) exposição de mercadorias em estabelecimentos comerciais tradicionais, ou por meio de auto-atendimento; (iv) anúncio de venda em estabelecimentos comerciais de mercadorias não expostas; (v) avisos sobre as condições de utilização de transporte público, parques de estacionamentos, locais de diversão etc.; (vi) ofertas em um leilão;[104] (vii) contrato de adesão às condições gerais do negócio; (viii) licitação; (ix) concurso[105] e muitos outros.

A questão da configuração de uma declaração como oferta ou proposta, independe do fato de o declaratário ser ou não consumidor, definindo-se por seus termos e nível de detalhamento dos requisitos do contrato a ser formado. No campo das relações civis *stricto sensu*, o que variará, sendo uma ou outra coisa, é a existência ou não de vinculação do proponente ou ofertante; e no âmbito das relações consumeristas é o alcance da vinculação: havendo proposta há, desde já, eficácia contratual, tanto assim que o artigo 35 do Código de Defesa do Consumidor oferece ao consumidor alternativas no caso de o fornecedor recusar cumprimento à oferta e as três alternativas supõem eficácia contratual.

Sobre a possibilidade de revogação da oferta ao público e suas conseqüências, importante fazer referência à diferenciação existente entre a disciplina do Código Civil e a do Código de Defesa do Consumidor no tocante às conseqüências de eventual revogação, especial-

---

[103] Ibid. Importante atentar para o fato de que quando o autor fala em "anúncio público" está se referindo à forma pública de dar conhecimento aos demais acerca da proposta. Quer dizer, não deve necessariamente a forma ser tomada por meio de algo veiculado na imprensa, pois, se assim fosse, não se poderia falar em oferta ao público para as mercadorias expostas em lojas. Tanto é assim que o mesmo autor, ao elencar alguns dos meios próprios para a emissão de propostas ao público, faz referência à *exposição de mercadorias em prateleiras de estabelecimentos comerciais*. (Ibid., p. 105).

[104] Conforme Ibid., p. 105-106.

[105] Assim, PEREIRA, *Instituições...*, p. 40.

mente porque os exemplos oferecidos até aqui estão atrelados a ambas as relações, de Direito Civil *stricto sensu* e de Direito do Consumidor.

Dispõe o Código Civil: "Pode revogar-se a oferta pela mesma via de sua divulgação, desde que ressalvada esta faculdade na oferta realizada".[106] Não há previsão expressa de revogação no Código de Defesa do Consumidor, mas a doutrina dá a entender que também nas relações de consumo a oferta poderá ser revogada, desde que *na forma da lei*, como aduz Marques: "Ser irrevogável significa, no sistema do CDC, que o ato criado não desaparecerá do mundo jurídico por vontade unilateral do fornecedor: uma vez criado e válido, terá efeitos, pelo menos o da *vinculação*", concluindo, ao final: "Assim como aquele que prometeu e não cumpriu, *aquele que ao público consumidor ofereceu e voltou atrás sem usar a forma prevista em lei* não faz desaparecer a sua declaração de vontade".[107] Crê-se que a alusão à forma da lei refere-se à lei civil, a suprir lacuna da legislação consumerista, na forma do artigo 7º do Código de Defesa do Consumidor,[108] desde que a revogação não atinja o direito do consumidor à manutenção da oferta, por exemplo, se feita entre presentes, o consumidor não a aceita imediatamente. A diferença operar-se-ia, então, se a oferta não fosse revogada, como diz Marques, *na forma da lei*.[109] Com relação ao último caso, ou seja, na recusa de cumprimento dos termos da oferta pelo fornecedor, como já se observou, o consumidor poderá exigir o cumprimento forçado da obrigação.[110] Além disso, poderá ainda, o consumidor, optar por aceitar outro produto – ou prestação de serviço – equivalente ou rescindir o contrato com direito à restituição do que tiver sido pago e a perdas e danos.[111]

---

[106] Conforme parágrafo único do artigo 429.

[107] MARQUES, *Contratos...*, p. 723 [grifou-se]. Não há, todavia, no Código de Defesa do Consumidor (que seria a lei aplicável, propriamente dita), forma prevista para tanto, o que indica, parece, que deverá ser utilizado o regramento do Código Civil a esse respeito, qual seja, o citado parágrafo único do seu artigo 429.

[108] "Art. 7º. Os direitos previstos neste código não excluem outros decorrentes de tratados ou convenções internacionais de que o Brasil seja signatário, *da legislação interna ordinária*, de regulamentos expedidos pelas autoridades administrativas competentes, bem como dos que derivem dos princípios gerais do direito, analogia, costumes e eqüidade" [grifou-se].

[109] Sobre o prazo da oferta no Código de Defesa do Consumidor, ver PASQUALOTTO, *Os efeitos...*, p. 103 et seq.

[110] Cumpre referir que para a obtenção de tutela específica, o artigo 84 do Código de Defesa do Consumidor prevê ação que tenha por objeto o cumprimento da obrigação de fazer ou não fazer. Nos termos do artigo, a conversão da obrigação em perdas e danos somente ocorrerá ou será admissível se por ela optar o autor ou se impossível a tutela específica ou a obtenção do resultado prático correspondente.

[111] Acerca do incumprimento e das hipóteses previstas no artigo 35 do Código de Defesa do Consumidor, ver PASQUALOTTO, *Os efeitos...*, p. 105 et seq.

Já no Direito Civil, Pereira esclarece que, no âmbito do Código Civil de 1916, a maior parte da doutrina que examinara a extensão da obrigatoriedade contida no então artigo 1.080 – cuja redação é idêntica a do atual artigo 427 – concluiu que o artigo concedia "[...] ao oblato apenas a via das perdas e danos, sem execução específica da obrigação de contratar" sempre que o policitante não honrasse a proposta. Entende, todavia, o autor que, diante da tendência de se dar execução específica às obrigações de fazer, aquela orientação doutrinária e jurisprudencial deveria mudar.[112]

Por fim, há que se examinar o convite a fazer oferta – *invitattio ad offerendum*. Tal tipo de "abordagem" feita de uma à outra parte não tem como atribuição propor a celebração do contrato, no sentido técnico da palavra proposta. A função da *invitattio ad offerendum* é justamente suscitar a proposta visando à composição do contrato, para que, então, as partes passem a negociar.

Gomes afirma que o convite a fazer oferta não é nem oferta nem proposta. "Quem o faz, quer, precisamente, receber proposta, como no caso de alguém desejar comprar determinada mercadoria que escreve às casas fornecedoras, convocando-as a que façam oferta".[113] Quem faz tal convite, por isso, fica na condição de oblato, não de proponente.

Na doutrina portuguesa, Ferreira de Almeida afirma que convite a contratar constitui-se na "[...] mensagem que, evidenciando disponibilidade para iniciar um diálogo dirigido à formação de um ou mais contratos, não deva, nas circunstâncias concretas, ser considerada proposta contratual".[114] Tanto é que são exemplos de *invitattio ad offerendum* o concurso para celebração de um contrato, a carta-convite e, até mesmo, a licitação. O concurso, segundo Menezes Cordeiro, "corresponde a um ou mais actos jurídicos destinados a promover o aparecimento de uma pluralidade de interessados na

---

[112] Assim, PEREIRA, *Instituições...*, p. 39-40. No mesmo sentido, Tepedino: "Dentre os civilistas mais tradicionais, contudo, não se costuma cogitar da execução específica a propósito do estudo do caráter vinculante da proposta e dos efeitos da sua aceitação, recorrendo-se, antes, à mera composição dos prejuízos por meio das perdas e danos. À luz, porém, do princípio da efetividade, a tendência é de se ampliar o campo da execução específica, nada obstando a que seja oposta em face do ofertante recalcitrante pelo aceitante (CC, arts. 249, par. ún., e 251, par. ún.), pois, uma vez integradas a oferta e a aceitação, há relação contratual coercitiva". (Assim, TEPEDINO; BARBOSA; MORAES, *Código Civil...*, p. 39). Também Martins-Costa manifesta-se sobre o assunto: "Como conseqüência, se não mantida a proposta, o ofertante fica sujeito às perdas e danos – mas não à *execução específica*, como poderia ocorrer se, aceita, tivesse ocorrido a bilateralização". (MARTINS-COSTA, *A boa-fé...*, p. 511-512). O artigo 461 do Código de Processo Civil prevê a possibilidade de tutela específica nos mesmo termos do artigo 84 do Código de Defesa do Consumidor (ver nota de rodapé número 110).

[113] Conforme GOMES, *Contratos...*, p. 62.

[114] FERREIRA DE ALMEIDA, *Contratos I...*, p. 103.

conclusão dum contrato e, depois, a facultar por escolha, a seleção dum deles, para a celebração em causa".[115]

Também assim ocorre no Direito brasileiro: a declaração poderá ser considerada convite a contratar quando ela não encerrar os requisitos mínimos de uma proposta.[116]

Examine-se, a partir de agora, o outro elemento essencial – e decisivo – que guiará à formação do contrato, qual seja, a aceitação, assim como os meios pelos quais ela pode se perfectibilizar, excetuando-se, por ora, a apreciação acerca do silêncio como uma de suas formas de declaração.

---

[115] MENEZES CORDEIRO, *Tratado...*, p. 528.
[116] Neste sentido, PONTES DE MIRANDA, *Tratado...*, v. 38, p. 32 et seq.

2. Aceitação e suas formas não silenciosas de declaração

Como visto, a proposta é sempre, senão a primeira, a penúltima declaração negocial que visa à conclusão do contrato, pois, para que este se forme, é preciso que haja aceitação, a última manifestação nesse sentido. Na medida em que a proposta pressupõe, por seus próprios termos, o conhecimento dos elementos essenciais do contrato e que o simples aceite do oblato forma a avença, ao ocorrer a conclusão do contrato já haverá, portanto, acordo entre as partes quanto aos pontos a serem contratados. O *consenso*, de fato, é essencial à conclusão do contrato, e o seu primeiro efeito é a vinculação de ambas as partes às obrigações contratualmente assumidas.[117]

A formação de contratos entre ausentes, desde há muito conhecida,[118] hoje é incrementada quanto ao número de hipóteses e formas pelas quais isso pode acontecer. Atualmente, diversos contratos formam-se, além de por telefone, também por meio do computador, por *e-mail*, por meio de acesso a páginas da *Internet*, via *chats*, *blogs* etc.[119]

As relações empresariais e entre pessoas físicas (relações civis de Direito comum), bem como as relações entre vendedores e compradores (sendo ou não qualificadas como de consumo), admitem essa forma de contratação. Para além das relações reguladas pelo Código Civil (entre civis, ou paritárias), Marques afirma que há, hoje, um espaço novo de comércio no mundo, formado pela *Internet*, pelas redes eletrônicas e de comunicação em massa. Trata-se do de-

---

[117] Pontes de Miranda refere, em mais de um momento em seu tratado, que é quando as manifestações de vontade se acordam que entram no mundo jurídico, aduzindo, expressamente, que: "Se não houve acôrdo total, ou sôbre o conteúdo total de alguma das ofertas posteriores, não houve conclusão de negócio jurídico bilateral". (Ibid., p. 47). Importante a esta altura ter presente a idéia de vinculação do proponente aos termos da proposta e obrigação das partes aos termos do contrato, assim como já examinado no Capítulo 1.

[118] Tal como examinado no Capítulo 1.

[119] Vide nota de rodapé número 70.

nominado *comércio eletrônico*,[120] distinguindo-se, por alguns traços, do comércio tradicional, agora realizado por contratações à distância, conduzidas por meios eletrônicos e concluídas sem a presença física e simultânea dos contratantes[121] – daí porque se denominam, usualmente, *contratos à distância no comércio eletrônico*. Continua a autora esclarecendo:

> Os meios utilizados para esta contratação eletrônica à distância podem ser: telefone (com pessoas ou gravações, *voice-mail*, audiotexto etc.), rádio, satélites, fibras óticas, ondas eletromagnéticas, raios infravermelhos, telefones celulares ou telefones com imagens, vídeo-texto, microcomputadores, televisão com teclado ou tela de contato, serviços de acesso a *e-mails*, computadores, *pagers*, *wireless* e outras técnicas semelhantes. Como se percebe são meios eletrônicos digitalizados e instrumentos de comunicação de massa, que na década de 90, com a miniaturização dos elementos (*chips* etc.), convergiram para possibilitar um só meio de tratamento e transporte rápido de informações e dados, que é a Internet.[122]

Esse "novo" cenário, adiante-se, suscita ainda maior cautela na avaliação acerca de quando e se o silêncio será tido ou não como declaração negocial, mais especificamente aceitação.

Com efeito, o vigente Código Civil introduziu modificações nas disposições relativas a negócio jurídico e a contratos, mitigando, por exemplo, pela atenção à confiança, o excessivo subjetivismo que marcara o Código de 1916. Essas modificações estão predispostas a melhor proteger a boa-fé e a confiança das relações contratuais – sejam elas eletrônicas ou não. A propósito, a lição de Moreira Alves:

> Assim, manteve-se a concepção subjetiva de negócio jurídico, não com o absolutismo do Código Civil [de 1916], mas mitigada, em que se leva em consideração, para efeito dos defeitos do negócio jurídico, a responsabilidade por parte daquele que declara a sua vontade e os aspectos de confiança daquele que recebe essa vontade. [...] Adotou-se, dessa forma, o princípio da responsabilidade de quem declara e o da confiança de quem recebe essa declaração.[123]

---

[120] Sobre outra conceituação de comércio eletrônico, ver SANTOLIM, Cesar Viterbo Matos. Os princípios de proteção do consumidor e o comércio eletrônico no Direito brasileiro. *Revista de Direito do Consumidor*, n. 55, jul./set. 2005. p. 53-84.

[121] Conforme MARQUES, Cláudia Lima. *Confiança no comércio eletrônico e a proteção do consumidor*: um estudo dos negócios jurídicos de consumo no comércio eletrônico. São Paulo: Revista dos Tribunais, 2004. passim. Chama-se a atenção, aqui, em que pese o entendimento da autora, que a novidade que se está a enfrentar é o meio da formação contratual, qual seja, o eletrônico, pois a ausência – ou a formação de contrato entre ausentes – sempre ocorreu. Nesse aspecto, ver Capítulo 1.

[122] Ibid., p. 37.

[123] MOREIRA ALVES, José Carlos. A parte geral do projeto do código civil. *Revista do Conselho da Justiça Federal*, Brasília, v. 9, p. 1-12, 1999. Disponível em: < www.cjf.gov.br/revista/numero9/artigo1.htm > Acesso em: 03/jul./2003. Para um estudo histórico sobre o tema ver BETTI, *Teoria...*, p. 315-318.

O SILÊNCIO NA FORMAÇÃO DOS CONTRATOS

A expressão que marca a mudança da concepção subjetivista para a concepção objetivista vem revelada nas palavras *nelas consubstanciadas* constantes do artigo 112 do Código Civil hoje em vigor (correspondente ao artigo 110 do Projeto de Código Civil).[124] Sobre o alcance dessa expressão explica Moreira Alves:

> Por outro lado, ao preceituar o Projeto, no art. 110, que, "nas declarações de vontade se atenderá mais à intenção *nelas consubstanciadas* do que ao sentido literal da linguagem", visou ele a deixar bem explícito que a regra determina que se atenda à intenção consubstanciada na declaração, e não ao pensamento íntimo do declarante, consoante observa Eduardo Espínola, ao interpretar o art. 85 do Código vigente: "São precisamente o respeito à boa-fé e à confiança dos interessados, e a conseqüente responsabilidade do autor que, no caso de interpretação judicial do ato jurídico, mandam atender à intenção consubstanciada na declaração, ao invés de procurar o pensamento íntimo do declarante [...]".[125]

Infere-se das passagens acima transcritas que os fundamentos teóricos da categoria do negócio jurídico encontram raízes na Teoria da Confiança,[126] como explica Martins-Costa:

> Já como "fundamento" e explicação da vinculabilidade dos negócios jurídicos ("confiança como fundamento dos negócios" ou "Teoria da Confiança") a doutrina civilista pretende sintetizar uma espécie de ponto de equilíbrio entre a "Teoria da Vontade" e a "Teoria da Declaração". Primeiramente, a declaração passou a ser vista de modo autônomo, adquirindo, aí – como observa MOTA PINTO – quase que um valor equivalente ao que tinham as palavras no formalismo arcaico do Direito Romano. À declaração negocial passou a ser imputado, em suma, um sentido objetivo e geral, isto é, abstratizante. Porém, "tamanho formalismo não se compactua com as necessidades sociais, que o Direito visa proteger". Assim é que, expurgados também esses excessos passou a ser conferida à declaração negocial um valor autônomo, desligado da vontade como ato psicológico, porém não mais um valor "objetivo e geral", sim aquele que o declaratário podia retirar da declaração, segundo os usos e as circunstâncias do caso, segundo padrões de razoabilidade.[127]

---

[124] "Art. 112. Nas declarações de vontade se atenderá mais à intenção nelas consubstanciada do que ao sentido literal da linguagem".

[125] MOREIRA ALVES, A parte..., p. 103-104. Quanto à transcrição de Moreira Alves, cumpre fazer as seguintes considerações: o então artigo 110 do Projeto de Código Civil é o atual artigo 112 do Código; o artigo 85 a que faz referência o autor é do Código Civil de 1916 e não do atualmente vigente, o qual dispunha: "Art. 85. Nas declarações de vontade se atenderá mais à sua intenção que ao sentido literal da linguagem".

[126] Sobre o tema, ver CARNEIRO DA FRADA, Manuel António de Castro Portugal. *Teoria da confiança e responsabilidade civil*. Coimbra: Almedina, 2004. O tema da confiança será apreciado no item 6.1 do livro.

[127] MARTINS-COSTA, Judith. Princípio da confiança legítima e princípio da boa-fé objetiva: Termo de Compromisso de Cessação (TCC), ajustado com o CADE. Critérios da INTERPRETAÇÃO CONTRATUAL. Os "sistemas de referência extracontratuais" ("circunstâncias do caso") e sua função no quadro semântico da conduta devida. Duplo significado da expressão "exclusividade de exposição de produtos" e sua concreção com base no princípio da unidade ou coerência hermenêutica e usos do tráfego. Adimplemento Contratual. *Revista dos Tribunais*, São Paulo, v. 95, v. 852, p. 87-126, out. 2006. p. 97-98.

Explica ainda a autora que, conquanto tenha raízes já nos autores do final do século XIX, o deslizamento em direção à confiança firmou-se no final do século XX, pela idéia de a responsabilidade do declarante ser ligada à geração de expectativas, constituindo "[...] papel fundamental do direito [...] assegurar a proteção de expectativas".[128] Aliás, as raízes dessa Teoria são ainda mais antigas, pois já na doutrina de Grotius estaria perspectivada a proteção da confiança.[129]

Com efeito, para se avaliar a aceitação e seus modos de efetivação é preciso ter-se em conta a Teoria da Confiança, uma vez que a aceitação é a declaração negocial emitida pelo oblato que, aceitando a proposta do proponente, forma o contrato. Em outras palavras, a declaração negocial pela qual alguém aceita determinada proposta é, em larga medida, uma "declaração de confiança" no sentido de que, fiado na expectativa gerada pela proposta, alguém aquiesce aos seus termos.

A doutrina, tanto nacional quanto estrangeira, praticamente não diverge a respeito da noção de aceitação.[130] No Brasil, Pereira define aceitação como aquiescência a uma proposta. Explica, ainda, que se trata de uma declaração receptícia mediante a qual o oblato exerce o direito potestativo de concluir o contrato proposto.[131]

Na doutrina portuguesa, Menezes Cordeiro aduz ser a aceitação uma declaração recipienda formulada ou pelo destinatário da proposta ou por qualquer interessado do público, cujo conteúdo exprime uma total concordância com o teor da declaração do proponente. Além disso, o autor destaca a necessária existência das duas seguintes características fundamentais na aceitação: (i) tradução de

---

[128] Parecer citado, nota de rodapé número 127, p. 98.

[129] Nesse sentido, MARTINS-COSTA, *A boa-fé...*, p. 157).

[130] Merecem destaque as seguintes conceituações do Direito estrangeiro, as quais demonstram a identidade dos entendimentos a respeito do conceito de aceitação e de seus requisitos essenciais: para a doutrina portuguesa, aceitação é "[...] a reacção positiva a uma determinada proposta de contrato". (Por todos, FERREIRA DE ALMEIDA, *Contratos I...*, p. 107); na Itália, "L'accettazione è la dichiarazione fatta dal destinatario della proposta e diretta al proponente di voler concludere il contratto secondo la medesima. Di regola basta um no od um si, che suole esprimersi più cortesemente nella corrispondenza commerciale colla frase «ho preso buona nota» «sta bene» od altra equivalente". (Assim, VIVANTE, Cesare. *Trattato di diritto commerciale*: le obbligazioni (contratti e prescrizione). 5. ed. riv., ampl. Milano: Francesco Vallardi, 1935. v. 1.) e na doctrina alemã: "La aceptación de una propuesta de contrato se efectúa por lo general mediante una declaración de voluntad dirigida al proponente, y por lo tanto recepticia, que es la declaración de aceptación". E, ainda: "La declaración de aceptación sólo puede tomar efecto y, con ello, llevar a cabo el contrato, si se ha efectuado en debido tiempo, y si expresa el consentimiento absoluto del aceptante el la propuesta, esto es, si no contiene limitaciones o reservas". (LARENZ, *Derecho ...*, p. 716-717).

[131] Conforme PEREIRA, *Instituições...*, p. 64.

uma concordância total e inequívoca da proposta e (ii) o dever de revestir a forma exigida para o contrato. Assim finaliza seu entendimento o referido autor: "[...] a aceitação deve traduzir uma total aquiescência quanto à proposta; qualquer alteração introduzida nesta pelo destinatário bloqueia a imediata formação do contrato, como bem se compreende: trata-se de um ponto sobre o qual não houve o consenso de ambas as partes".[132]

Além disso, é pacífico na doutrina, nacional e estrangeira, tendo-se em consideração, principalmente, o caráter receptício da declaração de aceitação, que o ato de aceitar não é suficiente, é preciso que o aceite chegue ao conhecimento do proponente. Nessa linha, explica Messineo: "[...] la declaración de aceptación no basta. Ella es necesaria, pero no suficiente. Es preciso además que el proponente tenga conocimiento de la existencia de la aceptación: esta *toma de conocimiento es la verdadera última fase de formación del contrato*".[133] Mais adiante, também como entende o restante da doutrina estrangeira, assim como a nacional,[134] ressalta o mesmo autor que: "La aceptación debe ser *pura y simple* [...] debe dirigirse al proponente [...]; debe llegar al proponente en el plazo por él establecido, o en el ordinariamente necesario según la naturaleza del negocio o según los usos".[135]

Também é importante recordar que a aceitação deve realizar-se dentro do prazo estipulado na proposta.[136]

Por fim, a aceitação, na medida em que configura uma espécie de "sim" à proposta apresentada, com a qual está concordando o oblato, aceitando-a, deve referir-se aos exatos termos da proposta. Caso, todavia, a aceitação adicione modificações ou restrições à proposta, está-se, na verdade, diante de uma nova proposta, a ser aceita pelo novo oblato, o outrora proponente.[137]

Partindo-se da posição doutrinária nacional e estrangeira a respeito da definição de aceitação, de no que ela consiste, assim como de seus requisitos essenciais, cumpre estudar, agora, também as formas pelas quais pode se dar ou se materializar dita aceitação, especialmente porque, quanto a esse aspecto, há divergências.

---

[132] MENEZES CORDEIRO, *Tratado...*, p. 559-561.

[133] MESSINEO, *Doctrina...*, p. 322-323.

[134] Por todos, PONTES DE MIRANDA, *Tratado...*, v. 38, p. 27-29 e p. 50 et seq.

[135] MESSINEO, op. cit., p. 323.

[136] Nesse sentido, remete-se ao item 1.1.

[137] Ver, assim, PONTES DE MIRANDA, op. cit., v. 38, p. 26. Desse modo também a redação do artigo 431 do Código Civil: "Art. 431. A aceitação fora do prazo, com adições, restrições, ou modificações, importará nova proposta".

2.1. Declarações expressa e tácita

As locuções mais comuns para as formas de declaração negocial são: *expressa* ou *tácita*. Considerando-se o objeto da presente obra, estudar-se-ão tais formas no que se refere, especificamente, à aceitação, que é a declaração negocial que ao fim e ao cabo forma o contrato. As terminologias *expressa* e *tácita*, porém, nem sempre foram – e continuam não sendo de forma unânime – aceitas pela doutrina. Além desses termos, são também utilizadas as idéias de declaração negocial *direta* ou *indireta*, de apreensão da declaração por meio de critério *objetivo* ou *subjetivo*, dentre outros entendimentos menos utilizados.[138]

Na doutrina brasileira, a definição doutrinária acerca do conceito de declaração expressa adota a linha sintetizada por Ráo:

> Quando se exterioriza através dos *meios sensíveis* de uso comum na vida quotidiana, a declaração de vontade é dita expressa. Expressa é, pois, a declaração produzida pelos meios *objetivos* correntes no comércio jurídico. Desses meios, a palavra escrita ou falada é o mais comum, mas não o único, pois outros existem, criados pelos costumes e admitidos pelo Direito, consistentes, p. ex., em atitudes mímicas, como o aperto de mão, a inclinação da cabeça, a votação simbólica, nas reuniões ou assembléias por aclamação, ou erguendo-se a mão, ou permanecendo sentado, ou levantando-se etc., e, mesmo, os sinais de assentimento dos mudos capazes de exteriorizar sua vontade, formas estas que igualmente expressas se consideram.
>
> De modo geral, considera-se expressa a declaração de vontade produzida com o propósito consciente de torná-la conhecida por outrem, ou, tal seja o caso, para que produza, pura e simplesmente, os efeitos que a lei lhe atribui.[139]

Sem definir, no entanto, no que consistiriam os *meios sensíveis* ou *objetivos*, referidos por Ráo, a doutrina nacional tende a concordar quanto aos exemplos de o que seria considerada declaração ex-

---

[138] Para uma maior noção sobre a origem etimológica dos termos *expressa* e *tácita*, inclusive desde o Direito romano, ver MOTA PINTO, P. C. C., *Declaração...*, p. 2, nota de rodapé número 2 do autor e as relativas remissões por ele feitas a diversos outros capítulos do livro. Mota Pinto não chega a comentar a denominação *declaração expressa*, mas, quanto à *declaração tácita*, refere que é das mais obscuras categorias de toda a teoria do negócio jurídico, mencionando, ainda, que, dentre os epítetos atribuídos à espécie, encontram-se o de "monstro conceitual", "Proteu de declaração" (Ibid., p. 1) e outros. No presente livro, ainda que haja controvérsia inclusive no que concerne à nomenclatura, adotam-se os vocábulos *expressa* e *tácita*, a fim de que seja possível obter, minimamente, uma identidade de noção. Esses termos sustentarão a idéia que se quer transmitir, enquanto sinônimos ou substituições críticas serão empregados apenas indiretamente, ou quando forem objeto principal do trecho do livro que se estiver a tratar. No concernente aos outros termos também utilizados, serão oportunamente referidos na obra, assim como mencionada a doutrina que os adota.

[139] RÁO, Vicente. *Ato jurídico*: noção, pressupostos, elementos essenciais e acidentais, o problema do conflito entre os elementos volitivos e a declaração. 4. ed. anot. rev. e atual. por Ovídio Rocha Barros Sandoval. São Paulo: Revista dos Tribunais, 1999. p. 120.

pressa.[140] Os exemplos trazidos na transcrição acima, é verdade, são todos aplicáveis à contratação entre presentes, não tendo sido enfrentados, pelo citado autor, os casos de formação de contratos entre ausentes.

No Código Civil de 1916[141] não havia, como bem observara Pontes de Miranda, definição de o que viria a ser uma ou outra forma de declaração.[142] Para esse autor, o conceito de manifestação expressa seria a que se faz oralmente ou por meio de sinal inteligível, da qual a forma escrita é a mais recorrente. Já a manifestação tácita, permitida pelo Código Civil de 1916, por meio de seu artigo 1.079,[143] consistiria, ainda segundo Pontes de Miranda, em "atos ou omissões que se hajam de interpretar, conforme as circunstâncias, como manifestação de vontade do oferente ou do aceitante".[144] Como exemplo de aceitação tácita, Pontes de Miranda traz situação na qual o comerciante entrega a cliente objeto que não foi por este último solicitado, mas que lhe agrada, e o cliente sai da loja com o objeto – considerando que ambos se conheciam porque o "freguês tinha conta na casa" (o freguês poderia também, por exemplo, gozar de crédito na praça). Essa atitude pressupõe aceitação baseada nos atos do cliente, ou seja, declarou-se a vontade, no caso, aceitou-se a proposta, de forma tácita.

---

[140] No mesmo sentido, por todos, PONTES DE MIRANDA, *Tratado...*, v. 38, p. 21-28.

[141] Importante ressaltar que ainda antes da entrada em vigor do Código Civil de 1916, Teixeira de Freitas já incluíra no seu Esbôço de Código Civil disciplina sobre as declarações expressa e tácita, pretendendo atestar sua inserção no âmbito do ordenamento jurídico brasileiro. Nesse sentido, cumpre transcrever, devido a sua importância, os artigos do Esbôço relacionados ao assunto. "Art. 447. A expressão positiva da vontade será como tal considerada quando fôr certa, isto é, quando se manifestar verbalmente, por escrito, ou por outros sinais não equívocos, com referência a determinados objetos, e por um determinado modo"; "Art. 448. A expressão tácita da vontade resultará daqueles atos pelos quais se puder concluir a intenção dos agentes nos casos em que não existir expressão positiva"; "Art. 669. Constando a expressão positiva da vontade por qualquer das *formas* indicadas no art. 447, os atos jurídicos não dependerão para sua validade da manifestação especial por alguma dessas formas, com solenidades próprias ou sem elas, senão nos casos em que êste Código, ou outras leis, exclusivamente as decretarem". (TEIXEIRA DE FREITAS, Augusto. *Código Civil:* esbôço. Rio de Janeiro: Ministério da Justiça e Negócios Interiores: Serviço de Documentação, 1952. v. 1). A questão da definição das declarações expressa e tácita (previstas no Esbôço) serão abordadas ao longo do presente Ponto do livro.

[142] Assim, PONTES DE MIRANDA, op. cit., p. 22. É de constatar-se, aliás, dado o entendimento dominante na doutrina nacional, e tendo em vista a conceituação subjetivante provocada por legislações que preferiram definir uma e outra declaração, que nosso legislador – tanto do Código de 1916 quanto do Código Civil atual – apenas não cometeu o mesmo "equívoco subjetivante" porque não pretendeu conceituar as formas de declaração. Como exemplo, tem-se a legislação portuguesa, que conceituou, segundo critério subjetivo, as declarações expressa e tácita (Assim, MOTA PINTO, P. C. C., *Declaração...*, p. 454).

[143] O Código Civil de 1916 previa, em seu artigo 1.079, que "A manifestação da vontade, nos contratos, pode ser tácita, quando a lei não exigir que seja expressa", artigo que não tem correspondência no atual código.

[144] PONTES DE MIRANDA, op. cit., p. 22-24.

Pontes de Miranda ainda esclarece que a autorização conferida à declaração tácita pelo artigo 1.079 do então Código Civil refere-se ao sentido amplo da forma tácita de declaração. Isso significa que a declaração – ou, o que aqui importa, a aceitação – poderia ocorrer por estarem também englobados naquela autorização atos não acompanhados de palavras pronunciadas, isto é, por inação ou pelo silêncio. Salienta o autor, todavia, ser "[...] preciso que, a cada momento, se frise a diferença entre manifestar-se por *atos positivos* ou *negativos* e manifestar-se pelo *silêncio*".[145]

Para a hipótese do exemplo supra, há, hoje, o entendimento no âmbito do Código Civil[146] (assim como havia previsão expressa no diploma de 1916) que impõe reputar-se o contrato como concluído nessas circunstâncias, desde que não seja costume a aceitação expressa, de modo que se poderia inferir que a aceitação, no exemplo, ocorreu de forma tácita.[147]

Essa compreensão dos doutrinadores nacionais mencionados, acerca de uma e outra forma de declaração, está em linha com a da doutrina estrangeira, especialmente no que diz respeito a exemplos. Na Itália, por exemplo, Roppo faz a seguinte conceituação quanto às declarações expressa e tácita:

> [...] quer se materialize na palavra ou noutro sinal, em todos estes casos a declaração de vontade é, de qualquer forma, *expressa*, uma vez que o sinal é intencionalmente utilizado, é imediatamente dirigido, a comunicar à outra parte determinado sentido volitivo.
>
> Há outros casos em que a vontade de concluir um contrato não é comunicada mediante uma declaração de tal gênero, mas resulta de outros comportamentos do sujeito: fala-se a este propósito numa manifestação *tácita* de vontade. [...] [nesse caso] a vontade de aceitar não é expressa, mas resulta implicitamente e de forma, digamos, operativa, da atitude e da actividade do sujeito.[148]

---

[145] PONTES DE MIRANDA, *Tratado*..., v. 38, p. 23. Ao referir-se a atos *positivos, negativos* ou *pelo silêncio*, Pontes de Miranda diferencia as formas de declarações: atos positivos corresponderiam à forma expressa; os negativos a forma tácita e o silêncio como uma terceira forma. Essa diferenciação, a qual se adota, permeará o final deste Capítulo 2 e o Capítulo 4 do livro.

[146] No de 1916 havia dois artigos disciplinando a matéria, o 1.079 (transcrito na nota de rodapé número 143) e o 1.084, que dispunha: "Art. 1.084. Se o negócio for daqueles, em que se não costuma a aceitação expressa, ou o proponente a tiver dispensado, reputar-se-á concluído o contrato, não chegando a tempo a recusa".. Hoje, há no Código Civil apenas o 432, cujo conteúdo é bastante similar ao antigo artigo 1.084, dispondo: "Art. 432. Se o negócio for daqueles em que não seja costume a aceitação expressa, ou o proponente a tiver dispensado, reputar-se-á concluído o contrato, não chegando a tempo a recusa". Sobre a diferença de redação desses dois artigos, ver nota de rodapé número 337.

[147] Veja-se, nesse sentido, a redação do artigo 432 do *Código Civil*, na nota de rodapé número 146.

[148] ROPPO, Enzo. *O contrato*. Tradução Ana Coimbra, M. Januário C. Gomes. Coimbra: Almedina, 1988. p. 93 e 94.

Já com relação ao Direito português, assim conceituava Mota Pinto, C. a declaração tácita:

> A inequivocidade dos factos concludentes não exige que a dedução, no sentido do auto-regulamento tacitamente expresso, seja forçosa ou necessária, bastando que, conforme os usos do ambiente social, ela possa ter lugar com toda a probabilidade.[149]

Com efeito, entende o autor que a declaração de vontade tácita tem lugar quando inferida de atos ou fatos que não comportem outra explicação, ao contrário do silêncio o qual, justamente, difere-se dela por não exigir a presença dos atos ou fatos, mas simplesmente de um silenciar da parte,[150] desde que presentes elementos que o qualifiquem.[151]

Em que pese haver pontos de semelhança na compreensão doutrinária, mais vicejam as diferenças,[152] cabendo aqui ressaltar o entendimento dominante acerca das formas de declaração negocial expressa e tácita, ou dos termos que a elas corresponderem, em cada ordenamento jurídico, para, somente então, analisarem-se as origens da valoração do silêncio como forma de declaração.

A doutrina comparatista traz alguns elementos que podem auxiliar em uma melhor compreensão da diferença entre esses dois primeiros critérios de classificação da declaração que se está a analisar, quais sejam, as declarações negociais expressa e a tácita.

Para a doutrina alemã do final do século XIX e início do século XX, contemporânea, pois, à edição do BGB, o critério de classificação gerava controvérsias.[153] Sobre os critérios de distinção de declaração expressa e tácita no Direito alemão, Flume os explica do seguinte modo, primeiramente referindo-se ao entendimento do final do século XIX, e, depois, aludindo ao Direito alemão até hoje vigente:

---

[149] MOTA PINTO, Carlos Alberto da. *Teoria Geral do Direito Civil*. 2. ed. Coimbra: Almedina, 1983. p. 423.

[150] Esse conceito era defendido sem oposição na doutrina portuguesa antes de existir estudo que mais profundamente pesquisou o tema, o que ocorreu quase dez anos depois de escrito o livro acima referido, de autoria de MOTA PINTO, C. Trata-se de tese específica sobre o assunto, qual seja, a obra MOTA PINTO, P. C. C., *Declaração...*, passim. A partir de então, a correção de tal entendimento acerca da declaração tácita foi questionada, especialmente por depender, em tese, da intenção da parte declarante.

[151] Conforme, especialmente, Capítulo 5.

[152] Precisamente nessa linha, Mota Pinto, P. ressalta: "O problema do *critério* de distinção entre declaração expressa e tácita foi controvertido, pelo menos, já desde o século XIX, primeiro na doutrina germânica e, depois, também em França e Itália, tendo tais infrutíferas e 'intermináveis discussões' levado mesmo a perguntar se a determinação dos adjectivos 'expresso' e 'tácito' não escaparia a toda decisão segura". (MOTA PINTO, P. C. C., op. cit., p. 463).

[153] Na lição de SERPA LOPES, *O silêncio...*, p. 159-161.

Parte de la doctrina del Derecho Común del siglo XIX contrapuso la declaración de voluntad «expresa» a la declaración de voluntad por comportamiento concluyente; según esto, solamente existiría una declaración de voluntad expresa, cuando la declaración sirviera únicamente para manifestar la intención jurídico-negocial (teoría subjetiva). Otro sector entendía que una declaración de voluntad se hace expresamente cuando se produce por medio de los signos de declaración que, según los usos del tráfico, parezcan como medios de declaración habituales (teoría objetiva).

En cuanto al Derecho vigente hay que seguir al Reichsgericht, cuando dice que para la declaración «expresa» en el sentido de las disposiciones legales es necesaria «una manifestación especialmente inequívoca» de la voluntad. Mas la declaración «expresa» también puede resultar como tal de las circunstancias. Si bien de éstas debe resultar de manera especial una declaración inequívoca.[154]

O critério dito *objetivo*,[155] portanto, era aquele que levava em conta o meio empregado na declaração. Assim, a manifestação era considerada *expressa* quando a natureza do meio utilizado era conhecida por todos como sendo apta a comunicar intenções jurídicas; e *tácita*, quando outra ação ou abstenção, de natureza diversa, intervinha, mas ainda permitia que se tirasse uma conclusão válida concernente à declaração.[156]

Essa concepção era, no entanto, objeto de várias críticas, asseverando alguns que esse critério distintivo faria desaparecer a declaração de vontade tácita, uma vez que seria praticamente necessária à criação de novas formas de exteriorização, a fim de que alguma declaração pudesse ser considerada tácita, pois as conhecidas seriam sempre expressas. Por isso é que o critério mais comum era o dito *subjetivo*, segundo o qual era *expressa* a manifestação destinada a levar diretamente a vontade ao conhecimento de terceiros. A declaração *tácita*, de acordo com esse critério, era conceituada a *contrario sensu*. Para o critério subjetivo, portanto, o que definiria a forma de exteriorização da vontade seria o objetivo da ação e não seu meio de exteriorização.[157]

No Direito italiano, Messineo aborda a declaração negocial, mais especificamente a aceitação, sua função e seu valor como momento da formação do contrato, asseverando que a aceitação é causa necessária à formação do contrato, apesar de não ser causa suficiente. Esclarece que é necessário que a aceitação chegue ao conhecimento do proponente para que o contrato se forme, pois essa tomada de

---

[154] FLUME, *El negocio* ..., p. 93.

[155] A avaliação da diferenciação dos critérios *subjetivo* e *objetivo* será realizada adiante, ao se examinar o Direito português, em razão da importância da doutrina de Mota Pinto, P. sobre o assunto (MOTA PINTO, P. C. C., *Declaração*..., passim).

[156] Segundo SERPA LOPES, op. cit., p. 159-161.

[157] FLUME, op. cit., p. 92 et seq.

conhecimento seria a verdadeira última fase da formação do contrato: após esse ato, o contrato estaria formado.[158]

A principal diferença de abordagem do referido autor reside não no conteúdo do entendimento, mas no tipo de manifestação humana que se está examinando.[159] Isso porque o estudo desse autor dá-se com relação direta às formas de aceitação, sem enfrentamento da exteriorização ou declaração de vontade descontextualizada e enquanto gênero; ao contrário: o exame ocorre apenas no âmbito da formação do contrato, para o qual a aceitação é imprescindível. Para Messineo, então:

> La aceptación, de ordinario, es *expresa*, es decir, se realiza usando un medio, que se utiliza con el *propósito de hacer conocer* al proponente *la aceptación* misma.
> Es *tácita* la aceptación cuando el destinatario de la oferta, aun sin pretender comunicar al proponente la voluntad de aceptar, mantiene hacia él un comportamiento (por ejemplo, iniciación de ejecución del contrato), que deja argüir dicha voluntad, en el sentido de que, según la común apreciación, sería incompatible con aquel comportamiento, que la contraparte no tuviese la voluntad de aceptar (el llamado *hecho* [positivo] *concluyente*).[160]

Como conclusão parcial e segundo entendimento até aqui analisado, a aceitação seria *expressa* quando um determinado meio fosse utilizado com o propósito específico de fazer conhecer ao proponente a aceitação; e *tácita* quando o destinatário da oferta, embora sem pretender comunicar a aceitação, agisse de forma que sua ação fosse interpretada como incompatível com a vontade de não aceitar, ou seja, a ação deveria ser compatível, segundo o senso comum, com atos de aceitação.[161]

Cumpre, também, fazer alusão ao Direito português, em razão do antes mencionado estudo pormenorizado de Mota Pinto, P. sobre a declaração tácita (e os comportamentos concludentes) no negócio jurídico.[162] A legislação civil de Portugal, diferentemente do Código Civil brasileiro, conceitua, ainda que de forma genérica, as declarações negociais expressa e tácita, assim dispondo o número 1 do artigo 217º: "[...] é expressa, quando feita por palavras, escrito ou qualquer

---

[158] MESSINEO, *Doctrina...*, p. 92-95 e p. 322-327.

[159] O que faz sentido para o presente estudo, uma vez que se está a avaliar a fase de formação do contrato.

[160] MESSINEO, op. cit., p. 324. Para esse autor italiano, portanto, a aceitação tácita equivaleria aos – e, por isso, confundir-se-ia com os – fatos concludentes (positivos). Tal assunto, porém, será enfrentado no item 2.2.

[161] Esses comportamentos do Direito italiano guardam relação com os chamados comportamentos concludentes do Direito português e brasileiro.

[162] MOTA PINTO, P. C. C., *Declaração...*, passim.

outro meio directo de manifestação de vontade, e tácita, quando se deduz de factos que com toda a probabilidade a revelam".

Ocorre que essa conceituação do legislador não proporciona mais segurança ou mesmo mais conforto quanto ao significado de uma e outra forma de declaração. Recorda Mota Pinto, P. que a distinção entre as formas de declaração é bastante controvertida pelo menos desde o século XIX, reportando-se à doutrina germânica, francesa e italiana.[163]

Esse autor começa avaliando a doutrina que considera *subjetiva* ou *objetiva* as formas *expressa* e *tácita* de declaração, a uma das quais, mesmo que não de forma ostensiva e talvez com outros nomes, filiam-se todos os conceitos e entendimentos dos ordenamentos estrangeiros acima descritos. Mota Pinto, P. menciona que a separação das formas de declaração e seus critérios comportam, quase que integralmente, diversas críticas.[164]

Para essa doutrina, o critério *subjetivo* baseia-se precipuamente no escopo individual do ato. Será *expressa* a declaração quando o ato for voltado a manifestar a vontade, e *tácita* quando o ato não possuir este intento, devendo ser seu fim principal diverso e independente de uma exteriorização de vontade, mas acabando o resultado do ato por fazê-lo. Nesse último evento, a exteriorização dar-se-á ou devido a sua paralela destinação de fazer conhecer a vontade, ou dado seu caráter implícito inafastável de declaração negocial.

A crítica feita por Mota Pinto, P. a esse entendimento subjetivista é acertada e conclui que se a diferenciação fosse aceita dessa forma, estar-se-ia retrocedendo ao estágio da valorização exacerbada da vontade interna do agente da declaração, segundo entendimento externado pela Teoria da Vontade. Isto é, seria necessário conhecer a intenção ou vontade interna do agente, a fim de se concluir se a declaração seria expressa ou tácita, o que, no estágio atual[165] de concessão de pouca ou nenhuma importância à intenção (psicológica) do agente faria pouco sentido. Fazia-se necessário, portanto, um critério *exterior*, independente do agente, e objetivo, "correspondente à avaliação social do fenômeno manifestativo".[166]

Segundo o autor acima citado, as diversas tentativas e individualizações propostas pelo critério *objetivo*,[167] porém, não são mais animadoras. Inicialmente, a doutrina objetivista propunha que a di-

---

[163] MOTA PINTO, P. C. C., *Declaração...*, p. 2 *et seq.*

[164] Ibid., p. 3 *et seq.*

[165] Da civilística a qual se filia o Brasil, conforme Capítulos 1 e 6.

[166] MOTA PINTO, P. C. C., *Declaração...*, p. 469, anteriores e seguintes.

[167] Ibid., p. 469 *et seq.*

ferenciação dar-se-ia no que respeita à forma propriamente dita (ou meio) da declaração: se por atos ou palavras; a primeira seria declaração tácita e a segunda, expressa. Tanto esse entendimento, quanto o que sugeria a distinção entre atos positivos e omissivos, não vingaram, pois assim como um ato ou uma omissão podem corresponder a uma declaração expressa, um sinal positivo pode ser uma declaração tácita, dependendo das circunstâncias. Dentre outras tentativas levantadas pela doutrina objetivista, destaca-se, ainda, a que tentou diferenciar a manifestação expressa da tácita por meio de um critério de *normalidade* do ato,[168] que redundaria, todavia, em um critério bastante inseguro, pois se estaria diante de uma questão de grau de normalidade do ato. Esse entendimento faria com que a declaração tácita "deixasse de ser utilizada" em razão de que todos dariam preferência aos meios usuais ou normais, para que se fizessem entender. Isso ocorreria especialmente porque, além do critério de normalidade dos atos, entendeu-se também que eles seriam os que refletiriam uma *convenção prévia*, estariam *conforme os usos*, sem deixar de mencionar que, para alguns, esses seriam os atos que estariam de acordo com a lei ou mesmo com o acordo das partes.[169]

A conclusão de Mota Pinto, P., tanto no que se refere à diferença entre a declaração expressa e tácita, quanto à orientação das doutrinas subjetiva e objetiva, é no sentido de que há uma sobrevalorização desse problema de formulação teórica, por parte dos doutrinadores, como, aliás, considera ocorrer com certa freqüência no mundo jurídico: a discussão ao redor de tais critérios na doutrina estaria na proporção inversa de seu resultado prático.[170]

Por questão de técnica jurídica, é relevante distinguir uma forma da outra, inclusive para se averiguar se a aceitação é válida em determinadas circunstâncias. Tanto é assim, que artigos do Código Civil brasileiro condicionam a possibilidade de aceitação de forma não expressa a circunstâncias específicas, dentre elas, a não exigência, para o caso concreto, de aceitação expressa. Será indispensável, portanto, para a eficaz análise do caso, que se saiba o que é uma e outra forma de declaração.[171]

---

[168] Já comentado quando da referência à doutrina germânica.

[169] Assim, MOTA PINTO, P. C. C., op. cit., p. 471-474.

[170] Ibid., p. 469, anteriores e seguintes.

[171] Ver, a título exemplificativo, o artigo 1.805 do Código Civil (assim como o artigo imediatamente anterior e os seguintes, todos inseridos no capítulo "Da aceitação e renúncia da herança"), que disciplina a forma de aceitação e renúncia da herança. Diferencia-se aí a forma expressa da tácita e exige-se, por isso mesmo, que se saiba o que é uma coisa e outra. (O interessante no caso é que o artigo já define quais as formas expressas e tácitas serão efetivamente aceitas para fins do conteúdo nele disposto.) Não se pode afastar, por conseguinte, o exame de o que vem a ser uma e outra forma de aceitação, como se vem fazendo neste livro.

Na doutrina brasileira, quem mais detidamente examinou a matéria foi Serpa Lopes, propondo modificação na terminologia das formas de declaração negocial pelas expressões *direta* ou *indireta*, pois as expressões *expressa* e *tácita* seriam definitivamente inapropriadas.[172] Nas palavras desse autor, a grande diferença entre uma e outra manifestação dar-se-ia com relação ao seu grau de certeza: a compreensão da manifestação expressa ocorre de forma direta, enquanto a manifestação tácita somente é compreendida pelo entendimento subjetivo, ou seja, ocorre de forma indireta, não havendo, nessa linha, diferença substancial entre elas.[173]

Nada disso afasta, entretanto, o entendimento de que as idéias que vinculam a forma de declaração (expressa ou tácita) ao grau de certeza conduzem à re-subjetivização da vontade no contrato, ou do próprio contrato, ou, pelo menos, à subjetivização do exame da formação ou não do contrato. O certo é que o caráter subjetivo ou de sobrevalorização da vontade desse entendimento não é tomado em conta por Serpa Lopes, o qual exemplifica a posição da doutrina brasileira, que adotou a classificação subjetiva, sem, no entanto, atentar para as importantes conseqüências teóricas dessa opção.[174] A doutrina refere-se aos meios que intentam externar a vontade de forma automática, desprezando a confusão que sua classificação pode gerar.[175]

É de apurar-se que o meio mais correto para o Direito brasileiro de interpretação das formas de declarações, ou dos atos que as perfectibilizam, a fim de se definir se elas são expressas ou tácitas, é o sugerido por Betti, na doutrina italiana, para evitar a não indicada subjetivização acima criticada. Para esse autor, não importará a intenção do agente do ato, mas o caráter objetivo do próprio ato, de conferir ou não o conhecimento de determinado conteúdo preceptivo. Sobre tal diferenciação, por conseguinte, assim dispõe o autor em questão:

> O critério discriminador entre as duas formas [de declaração] [...] tem carácter puramente objectivo e consiste na diversa recognoscibilidade, que é directa numa e indirecta na outra. Pretende-se encontrá-lo na idoenidade e finalidade do processo

---

[172] Conforme SERPA LOPES, *O silêncio...*, p. 159-161. A fim de exemplificar a discordância do autor, traz-se à baila exemplo que denota que a forma de classificação dos casos concretos não era criteriosa, pois a manifestação que se dava por meio de palavras escritas, por exemplo, ao invés de ser expressa, era considerada tácita (Ibidem).

[173] Ibid., p. 159-161.

[174] Nesse sentido, exemplificativamente, PONTES DE MIRANDA, *Tratado...*, v. 2, p. 395-398 e SERPA LOPES, op. cit., p. 159-161.

[175] Aliás, também assim o fez o Código Civil português ao conceituar manifestação expressa como aquela que, dentre outras possibilidades, utiliza-se de um meio que de forma direta pretende manifestar a vontade.

de expressão adoptado para a função manifestativa ou comunicativa: idoneidade e destino a avaliar de acordo com o costume social [...]. É directa a recognoscibilidade, e explícita a manifestação, quando se produz – não importa se intencionalmente ou não – por meio de sinais que, na prática social ou por convenção das partes, desempenham a função de dar a conhecer um determinado conteúdo preceptivo àqueles a quem interessa (a linguagem falada ou escrita é o meio principal, mas não exclusivo, podendo, também, bastar, para essa missão, sinais, gestos e atitudes silenciosas).[176]

Dessa forma, vê-se que o critério de "função do ato de dar a conhecer a aceitação" não é (ou não precisa ser) intencional, o que implicaria regressão a uma análise subjetiva da atuação do agente. Pode ser, ao contrário, exclusivamente objetivo, tomando-se como base para análise do estabelecimento de diante de qual forma de declaração se está as convenções sociais, os usos e costumes, o que ordinariamente ocorre e, até mesmo, a convenção das partes. É esse o entendimento, quanto à configuração de uma forma de declaração expressa ou tácita, que considera mais correto, especialmente dado o caráter da *especificidade do caso* adotado genericamente pelo atual Código Civil, como se depreende de diversos de seus artigos.[177]

O atual Código Civil aceita ao longo de seus artigos, tanto a declaração – e aceitação – expressa quanto a tácita, dependendo do caso.[178] Nada obstante a análise até aqui empreendida, e a manutenção das divergências acerca da real diferenciação entre declaração expressa e tácita, o estudo paralelo da declaração tácita com o dos comportamentos concludentes em muito auxiliará na distinção. Como se verá, essas duas últimas formas de declaração estão intima-

---

[176] BETTI, *Teoria...*, p. 268-269.

[177] Assim, sobre as circunstâncias do caso, lêem como acerca dos usos, vejam-se, exemplificativamente, os seguintes artigos do Código Civil: "Art. 94. Os negócios jurídicos que dizem respeito ao bem principal não abrangem as pertenças, salvo se o contrário resultar da lei, da manifestação de vontade, ou das *circunstâncias do caso*"; "Art. 223. [...] Parágrafo único. A prova não supre a ausência do título de crédito, ou do original, nos casos em que a lei ou *as circunstâncias* condicionarem o exercício do direito à sua exibição"; "Art. 233. A obrigação de dar coisa certa abrange os acessórios dela embora não mencionados, salvo se o contrário resultar do título ou das *circunstâncias do caso*"; "Art. 695. O comissário é obrigado a agir de conformidade com as ordens e instruções do comitente, devendo, na falta destas, não podendo pedi-las a tempo, proceder segundo *os usos em casos semelhantes*".

[178] Os artigos a serem aqui citados, a título de exemplo, não dizem respeito ao momento de formação do contrato, nem à aceitação de uma proposta, mas apenas se destinam a demonstrar a acolhida pelo Código Civil de ambas as formas de declaração, expressa e tácita. O artigo 659 prevê a possibilidade da declaração tácita: "Art. 659. A aceitação do mandato pode ser tácita, e resulta do começo de execução". Já o artigo 801 exige, para a hipótese que disciplina, anuência expressa: "Art. 801. O seguro de pessoas pode ser estipulado por pessoa natural ou jurídica em proveito de grupo que a ela, de qualquer modo, se vincule. [...] § 2º A modificação da apólice em vigor dependerá da anuência expressa de segurados que representem três quartos do grupo".

64   *Priscila David Sansone Tutikian*

mente ligadas, havendo quem as considere[179] categorias de gênero e espécie, ou mesmo sinônimos, ou até quem prefira não falar em declaração tácita, mas apenas em comportamento concludente.[180]

2.2. Comportamentos concludentes

Assim como se comparou, até aqui, a declaração tácita à expressa, impõe-se, agora, sua comparação com o comportamento concludente. Pretende-se concluir se esses dois últimos são sinônimos; categorias de gênero e espécie; se os comportamentos concludentes são as condutas próprias da declaração tácita, seus elementos objetivos, isto é, o tipo de ato que permitirá concluir que a declaração é tácita; ou, ainda, se ditos comportamentos constituem formas autônomas de declaração.

As origens remotas da *taciturnicidade jurídica* e, especialmente, da aquiescência para com a forma tácita de declaração negocial, remonta à época do Direito clássico. O termo *tácito* recebia, entretanto, já nas fontes romanas, *sentidos diversos*.[181] Mota Pinto, P., ainda sobre a procedência do tema, afirma que "sob a designação 'declaração tácita' têm, portanto, sido compreendidas *figuras de diversa índole*".[182]

Particularmente sobre declaração tácita e comportamento concludente, são importantíssimas as contribuições da doutrina estrangeira. Concentrar-se-á a comparação, conforme a proposta do presente estudo, no Direito português, alemão e italiano.[183]

Betti, seguindo a mesma direção que adotara para a declaração expressa,[184] refere-se à forma tácita como sendo a de recognição indireta e de manifestação implícita, produzindo-se, segundo ele, por meio de uma conduta que, em si mesma, não possui o condão de fazer conhecer aos interessados o conteúdo em questão. Todavia,

---

[179] Ver nota de rodapé número 220, e o texto do livro ao qual ela se remete.

[180] Assim, BETTI, *Teoria...*, p. 268.

[181] Assim, MOTA PINTO, P. C. C., *Declaração...*, p. 88-97 et seq.

[182] Ibid., p. 117.

[183] Importa esclarecer, neste ponto inicial do enfrentamento do assunto dos comportamentos concludentes, que não é objeto deste estudo a análise das teorias objetivas do negócio jurídico ou do contrato. Não serão examinadas as idéias de negócio como ato social ou como ato performativo, as quais, em certa medida tentam erradicar a vontade como elemento da teoria do negócio jurídico. Dessa forma, para um estudo sobre o tema ver FERREIRA DE ALMEIDA, Carlos. *Texto e enunciado na teoria do negócio jurídico*. Coimbra: Almedina, 1992. v. 1, v. 2. passim; MOTA PINTO, P. C. C., *Declaração...*, p. 39-43; e LARENZ, Karl. *Metodologia da ciência do direito*. 3. ed. Tradução José Lamego. Lisboa: Calouste Gulbenkian, 1997. p. 163-258.

[184] Ver nota de rodapé número 176.

"[...] por ilação necessária e unívoca, [tal conduta] permite deduzir e torna reconhecível uma tomada de posição vinculativa, a respeito de certos interesses alheios".[185] Quanto ao comportamento concludente, continua o autor:

> O comportamento qualifica-se como *concludente*, quando impõe uma conclusão, uma *ilação* lógica, que não se fundamenta na consciência do agente (que até poderia nem dar conta da concludência da sua conduta), mas sobre o espírito de *coerência* que, segundo os pontos de vista comuns, deve informar qualquer comportamento entre membros da sociedade, e sobre a auto-responsabilidade que se liga, por uma exigência social, ao ônus de conhecimento.[186]

Por fim, tal autor adverte que é conveniente que na ilação lógica da caracterização do comportamento concludente não haja equívocos, tratando-se não de inferir da atitude exterior uma mera vontade interna, mas da própria conduta um significado objetivo, advindo do enquadramento daquela em um conjunto de circunstâncias, que não está explícito, só sendo reconhecido por meio indireto e implícito.[187] Seguindo-se a análise do Direito italiano, também Messineo sustenta que a aceitação tácita confundir-se-á, em larga medida, com o comportamento concludente, reconhecendo, ambos os autores, daí sim em maior medida, a diferença entre o comportamento concludente (e a declaração tácita) *e* o silêncio do declaratário da proposta.[188]

No Direito alemão, Flume faz apanhado sobre a declaração tácita, tratando-a como sinônimo de ato concludente, ou *facta concludentia*, como se dizia, segundo o autor, na *ciência do Direito Comum*: "[...] de la declaración de voluntad, en la que el silencio es um modo de declarar, debe distinguirse la llamada declaración de voluntad «tácita» mediante actos conluyentes [...]. Se habla también acertadamente de declaración indirecta o mediata".[189] O doutrinador explica também que não é necessário, diante do ato concludente, que o agente tenha consciência de que celebra o negócio jurídico que foi aceito por meio da respectiva conduta concludente. Somente é preciso que ele tenha consciência das circunstâncias em virtude das quais o ato será tido como declaração negocial de aceitação do negócio. Essa conduta relevante para o tráfego jurídico é geralmente designa-

---

[185] BETTI, *Teoria...*, p. 269.

[186] Ibid.

[187] Ibid.

[188] Assim, MESSINEO, *Doctrina...*, p. 324. O entendimento desse autor, a respeito do tema comportamento concludente, como visto, é similar ao de Betti (BETTI, *Teoria...*, passim). Nada obstante, cabe a ressalva de que ambos doutrinadores possuem posicionamento bastante divergente no que concerne à vontade e à declaração e seus respectivos papéis e importância para o negócio jurídico (conforme MESSINEO, op. cit., p. 96 et seq., em nota de rodapé).

[189] FLUME, *El negocio...*, p. 99-100.

da como *declaração tácita* ou *declaração mediante conduta significativa ou concludente*. Desse modo, é conhecido no Direito alemão o seguinte princípio geral: "[...] toda persona, em su conducta negocial frente a otra, debe admitir que a su conducta se le atribuya aquel sentido que, conforme al tráfico, tuviera para el destinatario".[190]

Flume faz importante distinção (quanto ao e) para o Direito alemão, de o que vem a ser *acto concluyente* e no que se configura a *conducta concluyente* ou *comportamiento concluyente*. A principal distinção entre uma e outra reside em seus efeitos: enquanto o *ato concludente* será declaração negocial tácita, sempre que o agente tiver consciência das circunstâncias em virtude das quais o ato será tido como declaração negocial, o comportamento concludente assim não o será, não estando apto a declarar a aceitação. O autor alemão finaliza a análise sobre tal diferenciação da seguinte forma: a declaração por atos concludentes é válida porque o ordenamento jurídico reconhece, com relação a ela, a auto-configuração de relações jurídicas pela declaração de vontade. As conseqüências jurídicas da conduta concludente se produzem *ex lege*.[191]

Para Larenz, também há que se aceitar a forma de declaração que advém de atos (concludentes) do destinatário da proposta, muito embora refira o autor que tais condutas não poderiam ser consideradas espécies de declaração, pelo fato de não estarem destinadas a declarar nada. Mas se desses atos pudesse inferir-se a existência de uma aceitação, há que ser admitida tal aceitação, pressupondo-se que ela de fato ocorreu e de maneira legítima.[192] Interessa mencionar, igualmente, que Larenz faz diferenciação quanto às espécies de comportamentos concludentes, que se dividiriam em *actos de cumplimiento* e atos de *apropriación o utilización*.[193]

Finalizando-se a apreciação do direito estrangeiro, merece realce o entendimento da doutrina portuguesa. Primeiramente, destaca-se a posição de Menezes Cordeiro, ao afastar o comportamento concludente da exteriorização de qualquer vontade, asseverando que é: "ficcioso pretender, neles, ver declarações, ainda que encapotadas, de vontade. [...] o verdadeiro comportamento concludente não exprime vontade: apenas uma rotina ou um comportamento-padrão".[194]

---

[190] FLUME, *El negocio...*, p. 104-105.

[191] Ibid., p. 104-106.

[192] LARENZ, *Derecho...*, p. 728.

[193] Nesse sentido, acerca da diferença entre esses dois tipos de atos, ver Ibid.,... p. 727-734. Interessante também verificar, para um aprofundamento do assunto, especificamente em relação ao Direito alemão, a forma de aceitação advinda de condutas sociais típicas, bastante relacionadas às contratações características do tráfico de massa. (Assim, Ibid., p. 734-741).

[194] MENEZES CORDEIRO, *Tratado...*, p. 596-597.

O autor faz tais esclarecimentos, sem, no entanto, pretender negar o comportamento concludente como forma de aceitação. Diz que hoje, na verdade, a exigência de exteriorização da vontade nem se figura no domínio jurídico dos negócios de massa (teria ela pouco valor relativo), sendo que as pessoas podem pautar suas condutas por meio de hábitos, atuações instintivas e outros, sem que o Direito as obrigue a uma "permanente vigilância jurídica".[195] A questão trazida por esse autor, portanto, segue a linha de que, hoje, o comportamento tendente a formar o contrato vincula tanto quanto a declaração negocial.

Já Mota Pinto, P., em seu aprofundado estudo sobre o assunto dos comportamentos concludentes, analisando-os também no direito comparado,[196] caracteriza a concludência como elemento objetivo da declaração tácita, o que faz sentido, na medida em que o fato de um determinado comportamento ser ou não concludente é o que, em última análise, decretará a existência ou não da declaração tácita. O que resta averiguar, contudo, são as características que determinarão essa qualificação. Para Mota Pinto, P. será a ilação que se possa fazer a partir de uma determinada conduta que definirá ser ou não ela uma declaração negocial de aceitação. "A possibilidade de realizar tal ilação é que será propriamente designada como 'concludência' da conduta";[197] e, na declaração tácita – ao contrário do que ocorre com a expressa –, essa conclusão, por conta da também respectiva análise demandada, será, sem dúvida, mais complexa.[198]

O significado e o tipo do comportamento concludente levados em conta pelo citado autor lusitano[199] são os mesmos nos quais se centrou, até este momento, o presente estudo. Não se está considerando, por exemplo, a concludência de um comportamento relacionado a uma declaração expressa, mas, tão somente, a concludência de comportamentos que não possuem outros elementos possíveis de guiar à certeza de uma aceitação negocial, isso é, os comportamentos concludentes das declarações tácitas de aceitação.[200]

---

[195] MENEZES CORDEIRO, *Tratado...*, p. 597.

[196] MOTA PINTO, P. C. C., *Declaração...*, passim.

[197] Ibid., p. 747.

[198] Assim, Ibid., p. 746-747. O autor ainda refere, mais adiante, que: "Trata-se, aqui também, de determinar o significado de um comportamento (concludente), se bem que se ponha o problema de não existir uma linguagem, pelo que é necessária uma ilação a partir da conduta, enquadrada nas respectivas circunstâncias". O exemplo trazido pelo autor é o da alienação de um objeto em determinadas circunstâncias, das quais se poderá deduzir, segundo ele, a aceitação de um contrato. (Ibid., p. 748).

[199] Ibid., passim.

[200] Nesse sentido, aduziu Mota Pinto, P.: "Abrange-se apenas o comportamento no qual se não emprega a linguagem como meio de manifestação da vontade, e as 'regras de concludência'

Concludência pressupõe, efetivamente, uma conclusão. E essa conclusão será, no caso presente, acerca da declaração de aceitação. Confirma Mota Pinto, P. que a conclusão que se busca para que se constate estar-se diante de uma declaração tácita não é, pois, a de uma vontade, mas a de um *"significado declarativo, que se pode constituir a partir da ilação ou 'juízo de concludência'"*.[201]

Outra questão a ser observada diante da averiguação da existência de uma declaração tácita, trazida por Mota Pinto, P. e igualmente válida no que diz respeito ao Direito brasileiro, é a perspectiva a partir da qual se há de avaliar a concludência do comportamento. Estando-se diante de declaração receptícia, como já visto ser o caso tanto da proposta quanto da aceitação, o que importará será o ponto de vista do destinatário da declaração, ou seja, do proponente.[202] Se, por conseguinte, diante da totalidade das circunstâncias específicas do caso concreto, e de acordo com elas, a impressão do proponente der-se no sentido de que a proposta fora aceita, estar-se-á diante de um comportamento concludente apto a ser caracterizado como declaração negocial, e, na hipótese, como aceitação. A perspectiva do proponente, aqui exemplificada, significa: a que qualquer um teria se estivesse em seu lugar, dadas as mesmas circunstâncias. Mota Pinto, P., a fim de esclarecer essa peculiaridade, refere-se à impressão que um "declaratário normal, colocado na posição do real declaratário" teria. Além disso, o autor ainda denomina *"concludência* individual" a situação de concludência da qual se está tratando.[203]

A partir do entendimento acima exposto, pode-se inferir que o juízo de concludência dos atos do declarante, assim como a própria constatação da existência de uma declaração tácita, deve ser tomado de forma essencialmente objetiva. Devem ser afastadas, conseqüentemente, as dúvidas acerca de caráter porventura subjetivo, atinente à intenção do agente. Nessa linha, atesta Mota Pinto, P. sua discordância para com as posições que asseveram que a concludência de um comportamento deverá ser averiguada não apenas objetivamente, mas, também, de acordo com pontos de vista subjetivos, relacionados à consciência que o agente tenha.[204] Ao contrário, reforça o

---

aqui em questão são aquelas que permitem a ilação de existência de um significado". (Ibid., p. 750, nota de rodapé número 39 do autor).

[201] Ibid., p. 753.

[202] Isso no caso do presente estudo, uma vez que se está estudando a aceitação tácita, perfectibilizada por meio de comportamento(s) concludente(s).

[203] Conforme MOTA PINTO, P. C. C., *Declaração...*, p. 755.

[204] Nesse sentido, Mota Pinto, P., ao analisar a questão da consciência já sob a perspectiva do silêncio: "Assim, se se entende que o silêncio releva como uma *declaração jurídico-negocial*, parece lógico que este regime [o dos requisitos subjetivos na pessoa que omite agir] seja *totalmente* aplicável, incluindo no que diz respeito ao erro sobre o significado da inacção (tal

autor que a constatação deverá operar-se exclusivamente de forma objetiva, "[...] de acordo com o critério interpretativo geral do ponto de vista de um declaratário normal colocado na posição do real declaratário [...]".[205]

Por fim, após concluir que o critério para apuração da existência de uma declaração tácita, efetuada por meio de um comportamento concludente, é interpretativo, o autor fornece elemento que possibilita uma "indicação mais precisa sobre o modo como se pode caracterizar o *nexo* que permite a conclusão", por ele denominado "nexo de concludência".[206] Pretendeu, assim, caracterizar mais objetivamente a "imagem declarativa", que, como visto, para as declarações receptícias, corresponde à "impressão do declaratário".[207]

Uma das primeiras e mais flagrantes características do comportamento concludente apto a exprimir uma declaração negocial é a de incompatibilidade ou contradição com certo significado. Ou seja, a conduta em questão, a configurar uma aceitação tácita, deveria ser incompatível com a situação de não aceitação e, por isso mesmo, tratar-se-ia de aceitação tácita. A declaração tácita poderia resultar, assim,

> [...] não apenas da análise das implicações que se seguem a um determinado comportamento, que nele estão *contidas*, como, e sobretudo, do valor específico atribuído à *não contradição* com a própria conduta ou à exclusão de um significado contrário, desde que estes critérios sejam suficientes para, no caso concreto e de acordo com o critério de interpretação, constituir um *significado declarativo*.[208]

O requisito da não contradição no Direito português, demonstrado por Mota Pinto, P., é idêntico, como critério de acolhimento de uma conduta como aceitação tácita, à exigência do Direito brasileiro.[209]

Deve avaliar-se, também, o grau de certeza imposto para que a declaração tácita seja tida como existente. Tanto no Direito brasileiro como no português, o que se determina é um alto nível de probabilidade. Manuel de Andrade, comentando a legislação portuguesa,

---

como o erro sobre regras ou convenções interpretativas é também atendível enquanto erro na declaração)". (Ibid., p. 709).

[205] Ibid., p. 758. O autor ainda salienta que eventual alegação ou ocorrência de erro diretamente incidente sobre a concludência ou desconhecimento sobre os pressupostos daquela, não guardam relação direta com a declaração tácita, mas com qualquer modalidade de declaração negocial. (Ibid.).

[206] Ibid., p. 759.

[207] Ibid. p. 760. Sobre as questões ligadas à impressão do declaratário, importante remeter ao Capítulo 6 do livro, especialmente no item 6.1, oportunidade na qual essa perspectiva será mais detidamente examinada.

[208] MOTA PINTO, P. C. C., *Declaração...*, p. 767.

[209] Nesse sentido, GOMES, *Contratos...*, p. 52.

a qual, diferentemente da brasileira, dispõe expressamente sobre a necessária probabilidade, aduz: "Existirá ela sempre que, conforme os usos da vida, haja quanto aos factos de que se trata toda a probabilidade de terem sido praticados com dada significação negocial (aquele grau de probabilidade que basta na prática para as pessoas sensatas tomarem as suas decisões)".[210] Novamente, há grande identidade entre a sistemática do Direito português com a do Direito brasileiro, quanto ao grau de certeza ou probabilidade exigido para a declaração tácita. Em ambos os casos, a exigência tanto é apenas de probabilidade relativa ou, nas palavras de Mota Pinto, P., *"concludência relativa"*,[211] que, quando a lei deseja que haja total inequivocidade, ou a designada *"concludência absoluta"*,[212] há referência legal expressa nesse sentido.

Os exemplos do Código Civil brasileiro, a exigirem a concludência absoluta, não se relacionam, porém, à esfera negocial de comportamento concludente. Nessa, a contrário senso, a concludência relativa basta. Igualmente ocorre no Direito português, onde "[...] a declaração negocial tácita basta-se com um comportamento cuja concludência seja altamente *provável"*,[213] mas não inequívoca.

Vejam-se alguns exemplos da exigência de inequivocidade ou concludência absoluta, no campo do Direito brasileiro das relações civis *stricto sensu*: (i) atos que importem o reconhecimento do direito pelo devedor, para fins de interrupção da prescrição, nos termos do disposto no artigo 202, inciso VI, do Código Civil;[214] (ii) os atos tendentes a comprovar o *animus novandi*, caso o ânimo não seja expressamente demonstrado, consoante prevê o artigo 361 do Código Civil;[215] (iii) atos capazes de ratificar o mandato, praticados por quem

---

[210] ANDRADE, Manuel A. Domingues. *Teoria da relação jurídica*. Coimbra: Almedina, 1960-64. v. 1, v. 2.. p. 132. Merece referência, igualmente, a consideração de Mota Pinto, P. a respeito do tema: "Não bastando – com em geral – um significado duvidoso ou ambíguo, tem de se resolver o problema do grau em face das circunstâncias do caso concreto, sendo a inequivocidade apenas relativa". (MOTA PINTO, P. C. C., op. cit., p. 773).

[211] MOTA PINTO, P. C. C., op. cit., p. 774.

[212] Ibid.

[213] Ibid., p. 775.

[214] "Art. 202. A interrupção da prescrição, que somente poderá ocorrer uma vez, dar-se-á: [...] VI – por qualquer ato inequívoco, ainda que extrajudicial, que importe reconhecimento do direito pelo devedor".

[215] "Art. 361. Não havendo ânimo de novar, expresso ou tácito mas inequívoco, a segunda obrigação confirma simplesmente a primeira". Ao comentar esse artigo, refere Martins-Costa, confirmando a conclusão a que se chegou no presente projeto: "[...] o *animus novandi* não se presume. Ele deve ser expresso ou, ao menos, se tácito, deve ser *inequívoco*, como sinaliza o novo Código, mais claro que o Código de 1916 ao conferir os atributos da declaração". (MARTINS-COSTA, Judith. *Comentários ao novo Código Civil*: do direito das obrigações, do adimplemento e da extinção das obrigações. Rio de Janeiro: Forense, 2003. v. 5, t. 1, p. 534).

o outorgou, salvo se a ratificação for expressa, conforme parágrafo único do artigo 662 do Código Civil.[216]

A fim de que não haja má interpretação dos termos que aqui estão sendo empregados, importa referir qual é a inequivocidade diferenciada na doutrina portuguesa – que igualmente aplica-se ao Direito brasileiro. Esse caráter inequívoco do comportamento concludente, que se referiu não ser necessário, é o que se assemelha à certeza e não o que se localiza próximo à total probabilidade. Daí porque se está assumindo que não é essa a inequivocidade que, salvo previsão legal expressa, foi exigida pelo Código Civil para os casos de declaração tácita, especialmente no tocante à aceitação, própria dos contratos. Nesse sentido, veja-se a anotação de Venosa, aduzindo que tal característica é, isto sim, exigida na – e configura a – declaração expressa:

> Assim, é direta a manifestação quando esta se percebe de sinais externos *inequívocos*, pela fala, pela escrita ou por gestos, quando tais atitudes revelam socialmente uma intenção. Por outro lado, a manifestação é indireta quando a intenção de contratar é inferida de um comportamento negocial; isto é, na situação determinada, o comportamento do agente é o de aquiescência a um contrato.[217]

Explicitando a aludida correspondência no ordenamento jurídico português, assim sintetiza Mota Pinto, P. quanto à exigência e ao respectivo grau da probabilidade:

> Resumindo, dir-se-á que a inferência na declaração tácita não tem de ser realizada de acordo com critérios estritamente lógicos, mas antes *práticos*, nos quais assume especial relevância o ponto de vista da *incompatibilidade* do comportamento com os significados contrários à declaração. Por outro lado, a ilação não tem normalmente de ser necessária e absolutamente inequívoca – não só o direito se tem sempre de contentar, logo na verificação dos factos, com "grandezas relativas", como o importante é aqui um *elevado grau de probabilidade* de uma dada declaração, obtido a partir de uma inferência segundo uma "lógica de interacção" de acordo com as regras ou "usos da vida".[218]

Por fim, as três principais conclusões de Mota Pinto, P. quanto aos comportamentos concludentes como forma de caracterização da declaração tácita são as a seguir sumarizadas.

Primeiro, importante compreender que a perspectiva a ser levada em conta na análise será sempre a do destinatário de declaração,

---

[216] "Art. 662. Os atos praticados por quem não tenha mandato, ou o tenha sem poderes suficientes, são ineficazes em relação àquele em cujo nome foram praticados, salvo se este os ratificar. Parágrafo único. A ratificação há de ser expressa, ou resultar de ato inequívoco, e retroagirá à data do ato".

[217] VENOSA, *Direito...*, p. 435 [grifou-se].

[218] MOTA PINTO, P. C. C., *Declaração...*, p. 776-777.

o oblato, para fins de averiguação da formação do contrato. Deverá ser avaliado, desse modo, o significado negocial do qual o comportamento se reveste, sob a ótica do normal declaratário.

Em segundo lugar, ressalta o autor, há tão grande discussão quanto ao caráter subjetivante da avaliação de ter ou não conhecimento o declarante acerca das repercussões de sua declaração, que não será necessária a determinação de que o agente conheça o negócio ou a ultrapassagem dos poderes representativos, para concluirse ser uma declaração tácita. Mas, se, ao contrário, se souber da falta desse conhecimento, já não será permitida a ilação, pois não se poderá atribuir, então, à conduta em causa, o significado concludente.

Em terceiro, e último, dedica-se o autor a constatar que haverá sempre um padrão normativo a ser observado pelo declarante tácito, do qual, não havendo se desviado, estará a confirmá-lo. Os exemplos enfrentados nesse particular são todos relacionados ao terreno negocial. Verifica o autor que a regra seria as pessoas agirem de forma racional e coerente. Nos casos em que a pessoa aja "sobre um terreno jurídico" que só poderia resultar a aceitação do negócio jurídico, assim será interpretado o comportamento concludente praticado nesse mesmo sentido. A concludência resultaria, nesses casos, do padrão de avaliação da conduta do declarante, o qual, não existindo, estaria desviando-se o agente de suposições que "[...] da perspectiva interpretativamente relevante, se podem dar como adquiridas".[219]

É possível, a esta altura, concluir-se concordantemente com Mota Pinto, P. quando, nomeando o comportamento concludente como elemento objetivo da declaração tácita, exatamente dessa forma o qualifica. Ou seja, respondendo-se ao questionamento inicialmente proposto, tem-se que o comportamento concludente é a própria conduta (positiva) que qualificará a declaração tácita.[220]

Assim como entende a doutrina estrangeira antes citada no campo da aceitação tácita, também no Direito brasileiro entende-se que a forma tácita é aquela deduzida de fatos que com toda a probabilidade a revelam, sendo que "a exteriorização da atuação humana é feita de modo indireto".[221]

A aceitação tácita, portanto, dar-se-á por meio do comportamento concludente incompatível com a não aceitação, e assim por

---

[219] MOTA PINTO, P. C. C., *Declaração...*, p. 777-786.

[220] Isto é, declaração tácita e comportamento concludente não são sinônimos, nem categorias de gênero e espécie, mas os comportamentos concludentes são os atos por meio dos quais (e a forma por meio da qual) a aceitação tácita perfectibilizar-se-á.

[221] MARTINS-COSTA, *Comentários...*, p. 536.

diante. Como preceitua Ráo, a experiência comum infere que aquele que pratica o dito ato declara algo inconciliável – por força do princípio de contradição – com uma declaração oposta. Para apuração da existência dessa declaração tácita, "[...] basta observar-se a maneira comum e razoável de apreciação dos fatos humanos, de conformidade com o que, no respectivo meio ambiente, se considera ser a ordem natural das coisas [...]"[222] a fim de que, a partir daí, conclua-se que não se pode estar diante de outra coisa senão da própria declaração naquele sentido. Salienta o autor que tais comportamentos são tão óbvios que a aceitação (ou a declaração tácita, nos termos da análise por ele feita) somente poderá ser afastada se, em conjunto com a atuação em questão, o agente expressamente afastar a conclusão que dos comportamentos ordinariamente esperar-se-ia.[223]

Paradigmático quanto à adoção desse requisito de incompatibilidade do comportamento com outra conclusão é o artigo 1.805 do Código Civil,[224] que dispõe que a aceitação da herança poderá ser tácita, mas pressuporá a prática de atos, pelo aceitante, próprios da qualidade de herdeiro, sendo que o citado artigo ainda cuida de excluir alguns atos de tais qualificativos.

Tendo em vista o que se expôs, impõe-se a segunda e última[225] conclusão acerca dos comportamentos concludentes, que também incide para com a aceitação tácita em si. As características do ato, que alguns referem como sendo próprias da intenção do agente,[226] levarão em conta o que ordinariamente acontece, isto é, se o comportamento, conforme os usos, pode ou não ser tido como aceitação. Dessa forma, não se está a subjetivar a análise, guiando-a à intenção do agente, mas, ao contrário, a objetivá-la, guiando-a às regras ordinárias da sociedade.

Recorre-se, então, a partir de agora, às origens do entendimento e da apreciação do silêncio, a fim de que seu papel, sua importân-

---

[222] RÁO, *Ato*..., p. 121.

[223] Quanto à necessidade de modo expresso para afastar a conclusão da declaração tácita, diante de certos comportamentos, Ráo refere a possibilidade de tal dar-se "[...] por meio de notificações, ou protestos, que manifestem vontade diversa ou contrária, assim lhe sendo permitido proceder preventivamente, ou, tais sejam as circunstâncias, antes de sua conduta produzir efeitos em relação à parte, ou em relação a terceiros". (Ibid.).

[224] "Art. 1.805. A aceitação da herança, quando expressa, faz-se por declaração escrita; quando tácita, há de resultar tão-somente de atos próprios da qualidade de herdeiro. § 1º Não exprimem aceitação de herança os atos oficiosos, como o funeral do finado, os meramente conservatórios, ou os de administração e guarda provisória. § 2º Não importa igualmente aceitação a cessão gratuita, pura e simples, da herança, aos demais co-herdeiros".

[225] Dentre as conclusões mais relevantes, nada obstante a existência de uma série de outras pequenas soluções trazidas neste Ponto, sem um destaque individualizado.

[226] Essa análise crítica é feita por GOMES, *Contratos*..., p. 52.

cia e o espaço que lhe é concedido, bem como os requisitos para sua validação na atualidade, sejam melhor compreendidos. Considerando, consoante se constatou, que formas relativamente mais simples de declaração negocial já são suficientes para gerar controvérsias de interpretação, pode-se prever similar ou maior dificuldade quando da investigação específica sobre o silêncio. E com razão: há muita polêmica e largos debates circundando seu diagnóstico.

3. Teorias sobre o silêncio

Os jurisconsultos da época clássica do Direito romano,[227] segundo Almeida Costa, limitaram-se a (re)conhecer algumas espécies de contratos, com relação às quais a obrigação não surgia por efeito de elemento subjetivo. Isto é, o efeito da vinculação não advinha da convenção existente entre as partes, da vontade de obrigar-se ou de ato de autonomia, mas era conseqüência de elemento objetivo, como a existência de algumas formalidades, palavras sacramentais ou a entrega da coisa, por exemplo. Ainda no âmbito do Direito romano, segundo o mesmo autor,

> o termo «contractus», derivado de «negotium contrahere», designava precisamente o vínculo jurídico que se estabelecia entre as partes. [...] Passo importante significou a afirmação de que qualquer contrato encerra uma «conventio». Daí não resulta, porém, que «contractus» e «conventio» se hajam identificado. Aliás, no sistema justinianeu, a valorização do elemento subjetivo verifica-se a respeito de várias espécies contratuais ou categorias em que as mesmas se agruparam, faltando uma construção unitária do «consensus» que servisse de suporte a uma figura complexiva do contrato. Esta característica persistiu quando os juristas bizantinos chegaram à idéia de contrato como acordo ou convenção. A sua essência residia no consenso, mas este apenas em certos casos se mostrava suficiente para a perfeição do contrato.

---

[227] Conforme Hespanha, o estudo do Direito romano em tempos modernos justifica-se pelos seguintes argumentos: o da perfeição do Direito romano e o da importância de seu legado ainda no Direito atual. O doutrinador esclarece que há muita falta de rigorismo teórico na utilização dos institutos de Direito romano, principalmente porque a perfeição desse Direito para justificar e auxiliar na compreensão do Direito atual estaria fundada em premissa equivocada, qual seja, a idéia da existência de padrões universais e eternos de Justiça, a qual se baseia, por sua vez, na idéia de que existe uma natureza humana transtemporal e transcultural. Expõe o mesmo autor que: "[...] um estudo mais preocupado com os conteúdos do que com os nomes chegará facilmente à conclusão de que, por detrás da continuidade das palavras, se verificam rupturas decisivas de conteúdo. As próprias palavras evocavam, então, idéias e imagens diferentes, que nem sequer nos ocorrem hoje. [...] É certo que o direito actual é o herdeiro, nas suas palavras, nos seus conceitos, nas suas instituições, de uma longa tradição na qual os textos de direito romano tiveram um lugar central. [...] No entanto, o que é importante realçar é que cada instituto jurídico ou cada conceito de direito faz parte de um sistema ou contexto, do qual recebe o seu sentido. Mudado o contexto, os sentidos das peças isoladas recompõem-se, nada tendo a ver com o que elas tinham no contexto anterior". (HESPANHA, António Manuel. *Panorama histórico da cultura jurídica européia.* 2. ed. Mira-Sintra, Portugal: Europa-América, 1998. p. 72-78).

Portanto, ao longo da sua evolução, o direito romano manteve o princípio da tipicidade dos contratos. [...] Estava-se ainda distante do conceito moderno de contrato.[228]

Com descuido, tendo em vista a similitude facial entre o termo *contractus*, encontrado nas fontes romanas, e a palavra *contrato* poder-se-ia – prescindindo das diferenças no significado – presumir que aquilo que hoje se compreende por este último termo poderia ser um sinônimo daquele, o que não é verdade, pois cada época preenche o significado do termo da forma que faz mais sentido dependendo do contexto.[229]

A doutrina moderna construiu o contrato como um acordo de vontades exteriorizadas, ou seja, um acordo de declarações de vontade. Essa idéia é fruto de uma longa evolução, conforme se depreende da assertiva de Summer Maine, segundo o qual, "a história do Direito consiste num progresso que, partindo do *status*, conseguiu chegar ao contrato".[230]

---

[228] ALMEIDA COSTA, *Direito...*, p. 193-194. Importa salientar que não é objetivo deste estudo uma análise puramente histórica dos institutos relacionados ao seu tema, sobretudo no que diz respeito às suas origens no Direito romano. A menção feita aos contratos sob este enfoque, por conseguinte, é meramente didática. Sobre este assunto, assevera também Martins-Costa – referindo-se mais à disposição de texto legal do que a institutos jurídicos propriamente ditos, mas que, de qualquer forma, ilustra o que se quer evidenciar – que as referências ao Direito romano são aptas a demonstrar que "[...] no transcurso histórico, há constante adaptabilidade entre a 'letra', que exprime o 'valor facial' do texto, e o espírito, isto é, a mentalidade que o envolve, esta muito mais mutante, exprimindo seu valor real". (MARTINS-COSTA, *Comentários...*, v. 5, t 1, p. XII). Por fim, ainda sobre a conceituação ora examinada, vale destacar a análise feita por Serpa Lopes, ao aludir que a palavra *contrato*, no mais antigo Direito romano, "[...] significava apenas o ato por meio do qual o credor atraía para si o devedor, submetendo-o ao seu jugo, como refém, garantia do adimplemento do débito assumido. Tal era o resultado da idéia de obrigação, nascida com um caráter eminentemente penal: a pessoa, não o patrimônio, constituía o objeto da responsabilidade pelo débito assumido. O contrato era o ato constitutivo da *obligatio*; [...] Só depois da responsabilidade transformar-se de pessoal em patrimonial, a princípio em relação a determinados débitos e depois aos de qualquer categoria, é que se começou por distinguir os contratos dos *pacta* e da *conventio*, sob o ponto de vista de que só os contratos pertencentes a uma daquelas categorias previstas no Direito romano eram protegidos pelas ações". (SERPA LOPES, *Curso...*, p. 32).

[229] Não existia, por exemplo, no Direito romano, um instrumento que pudesse englobar disposições (livremente) convencionadas entre as partes, o que hoje representa, em síntese, o conceito de contrato. Sobre o tema, ver WIEACKER, Franz. *História do direito privado moderno*. Tradução A. M. Botelho Hespanha. 3. ed. Lisboa: Caluste Gulbenkian, 2004. passim; GILISSEN, John. *Introdução histórica ao direito*. 2. ed. Lisboa: Calouste Gulbenkian, 1995. p. 729 et seq., SERPA LOPES, op. cit., p. 28 et seq. e MARQUES, *Contratos...*, passim.

[230] SUMMER MAINE, Sir Henry. *Ancient law*: its connection with the early history of society and its relation to modern ideas – the early history of contract. London: George Routledge, 1905. Chapter 9. Disponível em: <http://socserv2.socsci.mcmaster.ca/~econ/ugcm/3ll3/maine/anclaw/index.html> Acesso em: 20 maio 2006. Comentando as palavras de Summer Maine, Serpa Lopes refere que "[...] enquanto no *status* a posição do sujeito de direito se caracteriza por situá-lo num plano independente de sua vontade, na fase do predomínio da noção de contrato as pretensões juridicamente reconhecidas fluem ou resultam do fato do homem constituir um ser dotado de vontade livre e consciente". (SERPA LOPES, op. cit., p. 31).

Essas são as premissas a partir das quais devem ser analisadas as origens da valorização – ou não – do silêncio na formação contratual, ou seja, tendo-se em consideração que as realidades, histórica e atual, não são as mesmas, dadas, no mínimo, as diferenças de momento, de sociedade, e, assim, como não poderia deixar de ser, do Direito de cada época. Nada obstante, o exame histórico que se passa a realizar em muito iluminará o entendimento das questões acerca do silêncio que se colocam atualmente, quanto mais não seja pelo contraste.

O vocábulo *silêncio*[231] provém do latim *silentium*, cuja origem está em *sileo*, que tem o sentido de calar. Nos dicionários brasileiros da língua portuguesa, silêncio significa "[...] 2 mudez: mutismo; [...] 4 taciturnicidade: austeridade, comedimento, moderação [...]"[232] e, ainda, "1 estado de quem se cala ou se abstém de falar 2 privação, voluntária ou não, de falar, de publicar, de escrever, de pronunciar qualquer palavra ou som, de manifestar os próprios pensamentos etc. [...] 4 interrupção de correspondência [...]".[233]

Segundo Fradera, a expressão gramatical do silêncio "[...] designa uma omissão, podendo, contudo, revestir-se da eloqüência da palavra e desta sorte constituir um sinal de consentimento virtual e implícito".[234] É certo, porém, que a morfologia da palavra hoje, nada obstante a ajuda que presta, pouco auxilia na compreensão das controvérsias históricas existentes envolvendo a aplicação, aceitação e significado da expressão e do que ela representa no âmbito jurídico. Por isso é que, neste andar, faz-se importante remontar às origens conhecidas do silêncio.

No Direito romano, uma das origens da imputação de sentido ao silêncio,[235] existia a seguinte regra atribuída a Paulo: "*qui tacet non*

---

[231] Neste momento de enfrentamento direto do silêncio, é oportuna a dedução de Mello, ao justificar a necessidade de o Direito ter olhos para sua problemática: "Phenomeno da vontade, não representa apenas um valor psychologico, mas um valor social, porque na actividade das acções humanas o silencio é susceptível de ser apreciado quantitativa e qualitativamente. Se a sua expressão grammatical designa uma omissão, pode, comtudo, revestir-se da eloqüência da palavra e, dest'arte, constituir um signal de consentimento virtual e implícito. Podendo contituir, por tudo isto, uma relação de pessoa a pessoa, o silencio havia de ser acolhido pelo direito". (BAPTISTA DE MELLO, José. O silêncio no direito. *Revista dos Tribunais*, São Paulo, v. 87, n. 751, p. 731-743 p. 731-743 – Reedição do artigo publicado na RT n. 105, janeiro de 1937. p. 3-20. p. 731).

[232] SILÊNCIO *in* HOUAISS, Antônio; VILLAR, Mauro de Salles; FRANCO, Francisco Manoel de Mello. *Dicionário Houaiss de sinônimos e antônimos*. Rio de Janeiro: Objetiva, 2003.

[233] SILÊNCIO *in* HOUAISS, Antônio, VILLAR, Mauro de Salles. *Dicionário Houaiss da língua Portuguesa* Rio de Janeiro: Objetiva, 2004.

[234] FRADERA, Véra Jacob de. O valor do silêncio no novo código civil *in* ALVIM, Arruda; CÉSAR, Joaquim P. de Cerqueira; ROSAS, Roberto (Org.) *Aspectos controvertidos do novo código civil*. São Paulo: Revista dos Tribunais, 2003. p. 569-582. p. 573.

[235] Conforme MOTA PINTO, P. C. C., *Declaração...*, p. 633.

utique fatetur, sed tamen verum est eum non negare,[236] significando, em tradução livre, "quem cala não fala, mas também não nega". Essa regra relacionava-se, contudo, a campo externo ao dos contratos, constituindo-se em norma que se destinava basicamente a disciplinar o instituto processual da *interrogatio* ou *confessio in iure*. A assertiva transcrita gerou uma série de controvérsias no que diz respeito a seu alcance e função no Direito romano, chegando-se, apenas bem mais tarde, ao entendimento de limitação não generalista da regra.[237]

O silêncio, então, a não ser nos casos previstos em lei – daí a comprovação de seu caráter limitativo –, não manifestava vontade no Direito romano.[238] Com efeito, apesar de haver diversas hipóteses específicas dispostas na legislação romana, como lei em espécie não era passível de ser erigida em princípio geral no Direito romano, justamente por destinar-se a casos específicos,[239] não se podia utilizar analogia e generalizar os casos previstos em lei.[240]

A conclusão de Bonfante, a respeito do silêncio no Direito romano, sob o ponto de vista dogmático, é a de ser "[...] manifesta a não confusão entre o silêncio e o consentimento pleno, porquanto a eficácia do silêncio era, algumas vêzes, cercada de cautelas especiais, outras limitadas ou ainda pertinente a institutos particulares".[241] Tanto é assim, que havia diferenças refletidas e propositais, por exemplo, no regramento da concordância do *pater familiae* para com o matrimônio do filho e matrimônio da filha. Para o primeiro caso, exigia-se o consentimento paterno (diverso do mero silêncio) enquanto para o segundo bastava o silêncio.[242]

Conforme Fradera, a maioria dos romanistas está de acordo com o fato de que o silêncio não manifestava vontade, a não ser em casos expressamente previstos.[243] Efetivamente, em todas as hipóteses ad-

---

[236] A referência da atribuição da regra a Paulo, que fora compilada ao final do Digesto (D. 50, 17, 142), é feita por Mota Pinto, P. (Ibid., p. 634, nota de rodapé número 465 do autor).

[237] Conforme SERPA LOPES, *O silêncio...*, passim.

[238] Estas são as conclusões de autores que fizeram análise minuciosa do Direito romano, consoante será mais detidamente abordado a seguir, ao se tratar das teorias do silêncio propriamente ditas. Nesse sentido, por todos, SAVIGNY, *System...*, passim; VIVANTE, *Trattato...*, passim; BONFANTE, Pietro. Il silenzio nella conclusione dei contratti. *Rivista di Diritto Commerciale*, Milano, v. 4, p. 2, p. 222-230, 1906; PACCHIONI, Giovanni. Il silenzio nella conclusione dei contratti. *Rivista di Diritto Commerciale*, Milano, 1906, p. 23 et seq. e PEROZZI, Silvio. Il silenzio nella conclusione dei contratti. *Rivista di Diritto Commerciale*, Milano, p. 509-524, 1906.

[239] Segundo explica Batista de Mello (BAPTISTA DE MELLO, O silêncio..., p. 733).

[240] Conforme SERPA LOPES, op. cit., p. 11-22.

[241] BONFANTE, Il silenzio..., pasim, em uma tradução livre.

[242] Ainda conforme Bonfante. (Ibid.).

[243] Assim, FRADERA, O valor do..., p. 573. No mesmo sentido, Baptista de Mello. Este último autor refere-se, expressamente, inclusive, ao silêncio no Direito romano, como forma de manifestação de vontade: "Mas em todos estes casos [exemplos de previsões legais citadas

mitidas pelos romanos, quando aquele que devesse falar não o fizesse, restando silente, sua abstenção era considerada consentimento.

O enfrentamento da questão do silêncio também se deu no Direito medieval com a aplicação da regra canônica *"qui tacet consentire videtur"*, que significa, em tradução livre, "quem cala considera-se que concorda" ou "quem cala consente". A origem desse brocardo, consoante Serpa Lopes, remonta à época pré-bolonheza ou, também chamada, pré-irneriana, ou seja, é anterior à Escola dos Glosadores. É de se supor, também, segundo esse autor, que o brocardo em questão haja decorrido "[...] de uma incompleta elaboração doutrinária do Direito Romano, ao mesmo tempo que não é de ser desprezada a contribuição do influxo germânico".[244]

O que se tem notícia, de qualquer forma, é que no Direito canônico, no campo dos contratos, a regra geral é a de que o silêncio não basta para que o silente assuma o ônus de uma prestação, uma vez que o vínculo obrigacional não pode nascer por efeito exclusivo da *taciturnitas*;[245] a menos que diante de uma situação totalmente excepcional. Ressalta Fradera, sob esse aspecto, que "[...] no Direito canônico, o silêncio valia consentimento *in favorabilibus* e não *in praejudicialibus*".[246]

Ainda no que diz respeito às origens remotas do silêncio, além das proposições e posições romana e canônica acima mencionadas, opostas e, por isso mesmo, controvertidas, não demorou a surgir uma hipótese de teorização intermediária, que afirmava: *"qui tacet cum loqui potuit et debuit consentire videtur"*, quer dizer, em tradução livre, "quem cala, podendo e devendo falar, entende-se que concorda". Isso significa que as teorias da valoração do silêncio nunca tiveram critério único de classificação; ao contrário, a doutrina permaneceu sempre dividida – independentemente desta terceira tentativa de abarcar e definir as posições existentes – entre correntes autônomas e opostas acerca do valor do silêncio.[247]

Assim sendo, conclui-se que não havia nas origens do estudo e da apreciação sobre o silêncio, consenso ou significado unívoco

---

pelo autor], a lei romana arvorava o silencio em manifestação da vontade, porque o direito obrigava o silente a falar e a abstenção deste presumia o seu consentimento". (BAPTISTA DE MELLO, op. cit., p. 734).

[244] SERPA LOPES, *O silêncio...*, p. 25.

[245] Menções sobre o Direito canônico no tocante ao instituto do silêncio são feitas por FRADERA, O valor do..., p. 573 e BAPTISTA DE MELLO, O silêncio..., p. 8-9.

[246] FRADERA, op. cit., 573. O alcance dessas conclusões sobre o Direito canônico, todavia, não significa que não tenha havido, também nesse âmbito, assim como se tem notícia sobre o Direito romano, outros e diferentes entendimentos.

[247] Conforme MOTA PINTO, P. C. C., *Declaração...*, p. 633 et seq.

quanto ao seu papel como fator de vinculação contratual, sua abrangência ou seu caráter significativo, nem no campo dos contratos, nem no Direito de forma genérica. Essa falta de harmonia até hoje se verifica, notadamente no terreno das práticas populares, pois ao silêncio são concedidos, nesse setor, diversos significados. Tomem-se alguns provérbios que espelham, até os dias atuais, o entendimento daqueles mesmos brocardos abordados quando do estudo do Direito antigo e que estão arraigados na cultura popular, comprovando as divergências de significado e conseqüente efeito do silêncio. As citações mais conhecidas são: "quem cala consente"; "quem silencia nada diz"; "quem cala nada diz, mas também não nega". Há também declarações já externadas por pensadores que permanecem válidas, como a de Montesquieu: "O silêncio muita vez explica melhor do que todos os discursos".[248] Para Mota Pinto, o problema talvez repouse exatamente no caráter de generalização empírica dos provérbios, que são sempre todos verdadeiros, mesmo quando um diz o contrário do outro:

> Todos eles são, em certa medida correctos, mas também em certa medida falsos, e, se tomados na sua generalidade abstracta, devem-se decididamente rejeitar como inadequados. O problema jurídico-dogmático ou legislativo está precisamente em traduzir esta "medida" por critérios rigorosos, prestáveis e sustentados pela melhor ponderação dos interesses em causa.[249]

Em que pese a sabedoria popular não alcance um consenso, até porque isso nem mesmo é esperado ou exigido nessa seara, faz-se necessário buscar parâmetros para que se possa alcançar algo mais apropriado no que concerne ao silêncio no campo do Direito contratual, mais especificamente no momento da formação dos contratos.

Quanto às diversas teorias existentes a respeito do silêncio,[250] examinar-se-ão as três que mais se destacaram, da mais ortodoxa à mais heterodoxa,[251] para que se possa concluir qual delas é a hoje aceita e, especialmente, qual foi a adotada pelo Direito brasileiro no campo da formação contratual.

---

[248] Referência feita por Mota Pinto, P. (MOTA PINTO, P. C. C., *Declaração...*, p. 631-632).

[249] Ibid., p. 637.

[250] A doutrina nacional mais recente (da segunda metade do século XX, até hoje) que estudou o tema das origens remotas do silêncio concorda e mantém um padrão ao fazer referência aos pensadores das chamadas "correntes do silêncio". Nesse sentido, exemplificativamente, SERPA LOPES, *O silêncio...*, passim; BAPTISTA DE MELLO, O silêncio..., p. 734 et seq.; ANDRADE, Wendell Santiago. O papel jurídico do silêncio no novo direito civil (por uma teoria do silêncio vontade). *Revista Jurídica*, n. 316, p. 70-81, 2004. p. 72.

[251] A terminologia *ortodoxa* e *heterodoxa* está sendo empregada no livro com o fim de ter traduzida a idéia de um maior ou menor radicalismo e contraposta vanguarda nas idéias expressadas por cada uma das teorias.

3.1. Da teoria do silêncio puro às hipóteses legalmente restritivas

Primeiramente, analisar-se-á a mais radical das três correntes do silêncio, que é composta por um grupo de pensadores[252] cujos principais vultos são Gabba e Perozzi.[253] Essa concepção considera o silêncio simplesmente um não agir; impossível, desse modo, de significar qualquer coisa, seja anuência, consentimento, declaração negocial ou mesmo vontade. Essa posição doutrinária procura eliminar, por conseguinte, qualquer tentativa que vise a encontrar, no silêncio, alicerce para a construção de pilares contratuais.

Explica Perozzi que, na verdade, a ficção jurídica existente em torno do silêncio – com a qual ele discorda – não advém do silêncio propriamente dito, pois, desse, nada se poderia inferir. Ou seja, nos casos em que fosse possível atribuir-lhe qualquer significado, não seria a ele que se lhe atribuiria, mas às demais circunstâncias com valor jurídico, que denotarão a declaração negocial. Além, portanto, de o autor entender que o silêncio não pode significar declaração de vontade, ele ainda aduz que aqueles que como tal o aceitam não estão levando em conta o silêncio, mas apenas o conjunto de circunstâncias que o circundam.[254]

Vejam-se as três mais importantes conclusões do autor a respeito do tema, que retratam seu entendimento de forma praticamente integral, denotando seu radicalismo:

> Dunque il termine *silenzio* non mi può guidare a far la categoria che io cerco. Perchè nell'uso giuridico esso significa che non fu fatta una manifestazione; nell'uso volgare

---

[252] A respeito dos pensadores que serão citados no presente estudo, cumpre salientar que a eleição dos autores a serem examinados será feita a título exemplificativo, retratando-se o que há de mais importante em cada uma das correntes acerca do silêncio, as quais podem ser resumidas nas três que serão aqui abordadas. Não constitui, portanto, o propósito deste Ponto do livro – o qual visa, exclusivamente, a analisar em grandes linhas o que era entendido por estas teorias de outrora, que acabaram por influenciar a doutrina atual – avaliar, de forma exaustiva, o pensamento de cada autor. Ao demais, as conclusões a que chegaram os vários autores que se filiaram a cada teoria (e, estas sim, estarão devidamente reportadas no curso do livro) são deveras parecidas, dentro de cada um dos respectivos grupos, obviamente.

[253] GABBA, C. F. *Nuove questioni di diritto civile*. 2. ed. Milano: Fratelli Bocca, 1912-14. passim e PEROZZI, Il silenzio..., p. 509-524. passim.

[254] Nesse particular, Perozzi ainda critica Pacchioni e Bonfante não só de forma genérica, mas atacando as premissas nas quais se baseia o entendimento desses últimos dois autores: "[...] Il BONFANTE infatti detta con uma forza che impressiona questa sentenza: *una manifestazione di volontà esige atti positivi*. Il PACCHIONI com non minore energia detta l'altra: *il consenso può venir manifestato anche in un fatto negativo*. [...] Io chiedo: esiste forse una categoria di atti che si possano dire in senso assoluto *positivi* E un'altra antitetica di atti, che si possano dire in senso assoluto *negativi*? Evidentemente, no. Un atto è *positivo* o *negativo* sempre in funzione di qualche idea di atto". (PEROZZI, op. cit., p. 510).

che non furono usatti certi mezzi di manifestazione. E sia che fatto che questo non tollerano che si ricerchi se con essi si può manifstare un volere.

[...] È tempo di riassumere. Nulla giustifica la presenza nella scienza di un problema chiamato: *il silenzio nella conclusione dei contratti*. La formula è contradditoria o senza senso, perchè *silenzio* o significa che non fu manifestato un volere, o significa che non si usò di alcuni mezzi di manifestazione e circa una condotta cosi definita non si può discutere se con essa si fa un contratto.

[...] Il *silenzio* non può essere in nessun senso il punto di partenza dell'indagine; il *silenzio* non può esserne che il punto d'arrivo nel senso di mancata manifestazione; esso non può esere nè la premessa maggiore nè la minore; ma soltanto la conclusione del sillogismo giuridico.[255]

Em suma, Perozzi assevera que o silêncio em si, unicamente considerado, não produz efeitos jurídicos, pois o único silêncio que existe é o total e absoluto, que manifesta exclusivamente a total e completa inexpressão. O silêncio seria apenas o "não ser e o não fazer". Tanto que o autor só considera duas hipóteses possíveis para o silêncio: ou o silêncio é total e absoluto e não consiste em manifestação nenhuma e não produz efeito nenhum; ou está-se diante do silêncio vulgar, o "não falar", e, então, pode-se pensar, no máximo, em uma manifestação tácita.[256]

O problema todo, considerado por Perozzi, desse modo, está em definir se os eventuais efeitos jurídicos advindos do silêncio são, de fato, a partir dele originados ou se o são a partir das circunstâncias que o circundam, exclusivamente.[257] Ocorre que, para essa posição doutrinária, a fim de se falar em valor jurídico do silêncio, seria

---

[255] Em tradução livre: Por isso o termo silêncio não pode me guiar a fazer uma categoria que eu procuro. Na terminologia jurídica ele significa que não se operou uma manifestação; no uso corrente/vulgar que não foram usados certos meios de manifestação. E é por isso que não se tolera a idéia de que com o silêncio se pode manifestar uma vontade. É tempo de reassumir. Não há justificativa para haver um problema na ciência jurídica chamado: *o silêncio na conclusão do contrato*. Essa fórmula é contraditória ou sem sentido porque ou o silêncio significa que uma vontade não foi manifestada ou que não se utilizou nenhum meio de manifestação da vontade e sem essa conduta definida não se pode discutir se o contrato formou-se. O silêncio não pode ser, de forma nenhuma, o ponto de partida de nenhuma investigação; o silêncio não pode ser além do ponto de chegada no sentido da falta de uma manifestação; ele não pode constituir nem a premissa maior nem a menor; mas somente a conclusão do silogismo legal. (PEROZZI, Il silenzio..., p. 514 e 524).

[256] Ibid., p. 524. Importa mencionar que se está conferindo ênfase ao entendimento dos pensadores que forem relacionados à declaração negocial, atinente a contratos e a sua fase de formação. Diz-se isso porque Perozzi, por exemplo, assim como os demais integrantes da doutrina que ele segue, aceitaria valor jurídico no silêncio da parte, que redunde em prescrição ou decadência de um direito, quer dizer, o não exercício de um direito dentro dos prazos conferidos pela lei, seria válido para a conclusão de prescrição ou decadência daquele mesmo direito. (Conforme DUEÑAS, Ricardo J. *Valor jurídico del silencio*. Tesis presentada en el Acto público de su Doctoramiento. Universidad de El Salvador – Facultad de Jurisprudencia y Ciencias Sociales. Julio, 1943. p. 15).

[257] Os efeitos advindos das "situações silenciosas" no mundo dos fatos, todavia, não são por completo ignorados por essa posição doutrinária, que os reconhece, apenas não os atribui ao silêncio.

necessário que os efeitos adviessem do silêncio puro, total, absoluto e inconfundível, o qual, por si só, deveria produzir tais efeitos, que lhe seriam atribuídos. Como tal não é verdade, justamente porque, para que seja atribuído valor ao silêncio, tem-se de conjugá-lo com as circunstâncias que o acompanham, os defensores dessa corrente sustentam que não há valor jurídico no silêncio.[258]

Constata-se, no entanto, que a teoria acima descrita parte de premissa equivocada para alcançar sua conclusão. O fato de o silêncio ter de ser acompanhado de um conjunto de circunstâncias para possuir valor jurídico não retira seu valor em si mesmo. Muito pelo contrário. Até mesmo porque, se a conjuntura existisse desacompanhada do silêncio, ela, por si só, também não teria valor jurídico, nem consistiria em declaração negocial. Ou seja, o valor jurídico estará na conjugação desses, por assim dizer, elementos: o silêncio e as circunstâncias que o acompanham.

O segundo posicionamento doutrinário, ou a segunda "teoria do silêncio", que se analisará considera excepcionais e taxativos os casos especificados em lei em que o silêncio deterá força jurídico-contratual, repudiando sua aplicação análoga a outras situações, ainda que bastante similares. Os principais expoentes que comungam dessa opinião são Savigny, Vivante, Bonfante e Stolfi.[259] A juízo desses pensadores, é a natureza da relação jurídica que determina a *adjetivação qualificada*[260] do silêncio.

Para essa doutrina, o silêncio não pode ser tratado como forma de consentimento, em regra. Excepcionalmente, outrossim, o silêncio adquirirá poder de vinculação entre proponente e oblato, podendo significar aceitação da proposta somente se previsto em lei ou nos termos da própria proposta, sem possibilidade de extensão e aplicação analógica aos casos legalmente previstos.[261] Tendo em vista que Savigny entende ser a vontade um fenômeno interno, incapaz de ser conhecido senão por meio de um elemento apreensível pelos sentidos, o simples silêncio não pode, geralmente, ser considerado assentimento ou consentimento.[262]

Além disso, entende esse autor que a consideração de ser o silêncio tido como consentimento e aceitação dependerá de um suposto dever de declaração. Ou seja, nos casos em que, por força de lei,

---

[258] Conforme se depreende da leitura de GABBA, *Nuove...*, passim.

[259] Nesse sentido, SAVIGNY, *System...*, passim; VIVANTE, *Trattato...*, passim; BONFANTE, Il silenzio..., p. 222-230 e STOLFI, Nicola. *Diritto civile*. Torino: Torinese, 1926. passim.

[260] A expressão é de SERPA LOPES, *O silêncio...*, p. 37-42.

[261] Assim, SAVIGNY, op. cit., passim.

[262] Conforme Ibid., p. 326-329.

está o declarante obrigado a declarar e não o faz, isso sim poderá ser valorado. Mas essa situação não é a regra.[263]

Além disso, Savigny frisa que o não enquadramento na regra geral, além de se fundar, necessariamente, no dever de declarar, apenas pode ter razão de ser na particular importância da relação jurídica que esteja em jogo, em um natural dever de respeito, ou, por fim, na conexão do silêncio em específico com declarações de vontade precedentes na hipótese que se estiver tratando. Essas exceções, para ele, ainda possuem natureza taxativa, sendo inadmissível pretender-se aumentar o número de hipóteses, por meio de analogia, estendendo-as a outros casos.[264]

Nessa linha, também Stolfi acaba por concluir que, caso haja não só uma legislação que lhe confira suporte, mas também um contrato, ou uma relação de negócio entre as partes, desde que de visibilidade *a priori*, também tais exemplos autorizariam que fosse conferido valor ao silêncio.[265]

Já Vivante enfrenta expressamente a questão de o silêncio valer como aceitação contratual, fazendo a seguinte pergunta: "[...] chi riceve una proposta può in qualche caso restare obbligato contrattualmente ancorchè non dica e non faccia niente?".[266]

Para responder a questão, esse autor leva em consideração os seguintes dois aspectos, que, em seu modo de ver, vão contra a idéia de valoração do silêncio. O primeiro ponto diz respeito às condições do comércio moderno, que tem a sua disposição uma enorme gama de meios de comunicação ágeis e seguros, que permitem e proporcionam, tanto ao proponente quanto ao oblato, uma série de possibilidades para declarar sua vontade a qualquer momento, não sendo necessário, portanto, que se valham do silêncio. O segundo aspecto levantado por Vivante, que parece ser mais relevante, guarda relação com a legislação italiana. A regra italiana é clara, segundo o autor, quanto aos meios aptos a formar um contrato, quais sejam, (i) por palavras ou (ii) por atos incompatíveis com a idéia de recusa. Ou seja, a legislação não permitia a formação do contrato a partir do silêncio de uma das partes.[267]

---

[263] SAVIGNY, *System...* p. 326-329.

[264] Ibid. p. 326-329

[265] STOLFI, op. cit.

[266] VIVANTE, *Trattato...*, p. 31. Em tradução livre: quem recebe uma proposta pode em qualquer caso ficar obrigado contratualmente ainda que não diga nem faça nada?.

[267] Ibid., p. 32-33. Quanto à questão legal, vale mencionar que Vivante ainda analisa, mantendo sua linha interpretativa acerca do silêncio, os casos individuais previstos na legislação italiana da época, bem como refere como o silêncio opera em relação a cada um deles. Por não se enquadrar no objeto de estudo da presente obra, todavia, remete-se ao texto do próprio

Esse autor, porém, considera e elenca hipóteses, ligadas ao Direito comercial, (conforme ele as classifica), nas quais o silêncio é fator de obrigações. Em todos os casos, todavia, há uma relação negocial já iniciada entre as partes, a qual, conclui ele, seria o fato justificativo da valoração do silêncio como aceitação. Isso porque a existência de relação jurídica prévia entre as partes geraria um natural padrão de colaboração recíproca que atribuiria ao silêncio não exatamente uma função formadora de contratos, mas uma função de interpretação do contrato, apto a realizar sua integração com os corolários impostos pelos usos e pela eqüidade.[268]

Por fim, Bonfante, quem, dentre os expoentes desta segunda corrente de teóricos, possui um posicionamento um tanto diverso dos demais juristas até aqui analisados quanto à existência de um comportamento de exteriorização de vontade no silêncio. Esse autor assevera que, em diversos casos no Direito italiano, aceita-se – no sentido de não ser exigido o contrário – a vontade não declarada, apenas deduzida de um contexto de elementos, ou seja, sem caráter de declaração e sem possuir uma diretriz específica em relação a um dado objeto. Exemplifica que o *animus possidendi* e o *animus derelinquendi* surgem independentemente de qualquer declaração. Ocorre, conforme o autor, que, no campo dos contratos, essa não seria a regra. Ainda por conta do legado do Direito romano, o Direito Civil exigiria que a declaração fosse expressa, não se contentando, assim, com a mera recognição.[269]

As conclusões do autor são duas. Primeiramente, conclui que casos excepcionais à regra – de ser necessária a manifestação ou declaração de vontade, ao invés de recognição ou presunção – somente podem ser aceitos se formalmente estabelecidos e enunciados, a menos que as partes possuam relações anteriores:[270]

> Il silenzio, l'assenso, la piena soddisfazioni del terzo, potranno essere richiesti da parte del contraente stesso o dalla legge, ma in ogni caso il compito del giudice sarà sempre lo stesso; egli dovrà interpretare in che senso ed in che grado d'intensità furono richiesti e dichiarare valido il contratto solo quando consti l'adempimento di questa condizione.[271]

---

autor, para um estudo mais aprofundado nesse sentido. (Ver, assim, Ibid., p. 102-103, p. 227-228; p. 246-247; dentre outras).

[268] VIVANTE, *Trattato...*, p. 33-35.

[269] Assim, BONFANTE, Il silenzio..., p. 206.

[270] Quanto à conclusão de que as exigências alteram-se quando as partes possuem relacionamento anterior, nota-se a comunhão de entendimento entre Vivante, conforme referido, e Bonfante. (Consoante BONFANTE, Pietro. *Scritti giuridici varii*. Torino: Torinese, 1926. p. 204 et seq.).

[271] BONFANTE, Il silenzio..., p. 227. Em tradução livre: o silêncio, o assentimento, a plena satisfação da outra parte podem ser requeridos pela parte contratante ou pela lei, mas, em

A segunda conclusão é a de que, caso as exceções não constem em lei, ou, no mínimo, não tenham sido aceitas pela jurisprudência (em homenagem à boa-fé), erigi-las à categoria de regra geral corresponderia a um atentado contra aquela mesma boa-fé, que é base do Direito obrigacional (Comercial, no caso).

Assim, no entender dos expoentes dessa segunda teoria, somente na hipótese de o proponente indicar, na própria proposta, que tomará o silêncio como aceitação, se observadas todas as regras de prazo e elementos caracterizadores da declaração receptícia *in casu*,[272] o silêncio do oblato/aceitante será tido como aceitação válida e vinculante. Isto é, não estando a possibilidade prevista nos termos da proposta ou em lei, não será, em regra, o silêncio acolhido como forma de aceitação.

Fazendo-se um apanhado de todos os entendimentos expostos, essa é a conclusão a que se chega a respeito da posição da segunda teoria: seu caráter restritivo de valoração ao silêncio, limitando-o à previsão legal ou à incorporação jurisprudencial, repercute na fase de formação contratual a partir da exigência de a aceitação por meio do silêncio estar prevista nos termos da proposta. Caso a possibilidade acerca da forma silenciosa de aceitação, independentemente de contar-se com o acompanhamento de outras circunstâncias, não integrasse a proposta, os seguidores da referida teoria não considerariam o silêncio apto a declarar (ou manifestar, como dizem os teóricos em questão) a aceitação contratual – formando o contrato.

3.2. Teoria do silêncio qualificado e a maior abrangência a sua valoração

Há, por fim, uma terceira visão doutrinária, defendida por grupo cujos integrantes, dentre os quais se destacam Ranelletti e Pacchioni,[273] consideram haver casos contemplados em lei em que o silêncio adquire significado volitivo, não sendo, todavia, excepcionais, mas suscetíveis de interpretação analógica sempre que *ubi eadem ratio idem jus*. Nessa hipótese, a regra geral, sempre que presentes os necessários

---

qualquer dos casos, a tarefa do juiz será sempre a mesma: ele deverá interpretar em qual sentido e em qual grau de intensidade o foram requeridos e somente declarar válido o contrato quando constatado o adimplemento dessa condição.

[272] Isso tudo se observados, evidentemente, os requisitos declinados especialmente no Capítulo 1 e, em certa medida, no Capítulo 2.

[273] RANELLETTI, Oreste. Il silenzio nei negozi giudidici. *Rivista Italiana per le Scienze Giuridiche*, v. 13, 1892. p. 1 et seq. e v. 12, 1891. p. 15 e PACCHIONI, Il silenzio..., p. 23 et seq.

requisitos justificativos,[274] é a possibilidade e/ou dever de o silêncio ser considerado assentimento à proposta formulada.

Para Ranelletti, o silêncio produz eficácia jurídica e poderá resultar em obrigação a cargo de quem cala. Essa eficácia, segundo ele, é especialmente constatável quando o silêncio relaciona-se a fatos jurídicos conhecidos – perante os quais é possível ao declarante envolvido demonstrar sua posição ou impedi-los – que se adunem com certas condições, diante das quais um homem normal não permaneceria inerte.[275] Uma das justificativas relevantes relaciona-se ao fato, reconhecido por Ranelletti, de que o Direito normalmente não considera a vontade direta (e até mesmo interna, como se viu) do agente, mas o ato de autonomia de vontade tal como se apresenta, segundo a interpretação da maioria dos homens, tomando como vontade aquilo que o fato revela. Ainda destaca o autor a questão da responsabilidade do agente com relação à confiança capaz de ser "inspirada à pessoa interessada em uma determinada vontade resultante deste ato".[276]

Outra ponderação feita por esse autor relaciona-se à necessidade de haver circunstâncias que acompanhem o silêncio, qualificando-o, advindas inclusive da confiança antes referida. Quando um negócio jurídico se aperfeiçoa com o silêncio de uma das partes, dois elementos devem ser considerados: o calar de uma e o falar de outra; e isso deve ser avaliado sempre levando em conta as circunstâncias nas quais ocorreu.[277]

Por fim, o autor salienta que o tipo de silêncio por ele avaliado com maior acuidade e que pode gerar controvérsias é o "silêncio simples", pois, para ele, o "silêncio qualificado" não apresentaria nenhuma dificuldade peculiar. O *qualificado*, na concepção do autor, seria o silêncio mantido por quem possui obrigação de falar, seja advinda de lei ou de ordem judicial; e o *simples* o que não possui nenhuma obrigação previamente determinada. Seria no último caso, então, que se encontraria a necessidade de avaliação pormenorizada das circunstâncias, a fim de se verificar se é ou não o silêncio apto a exteriorizar vontade ou, mais do que isso, valer como aceitação.

Assim, o arremate do autor é no sentido de que "[...] uma vontade se deduz, um consentimento se presume, quando o silente não

---

[274] Como se apreciará no Capítulo 5.

[275] Assim, RANELLETTI, Il silenzio..., p. 15.

[276] Ibid.

[277] Ibid.

Priscila David Sansone Tutikian

se opõe à declaração ou ao fato levado a efeito pela outra parte, uma vez que podia e devia opor-se a fim de evitar enganos".[278]

O silêncio "circunstanciado" – qualificado pelas circunstâncias –, portanto, é o único que poderá ser considerado apto a declarar a vontade e a ser tido como aceitação, quando uma previsão legal ou uma ordem judicial não estiver "autorizando" o ato de silenciar.

Diante do posicionamento acima delineado, conclui-se que, para Ranelletti, não é necessário que a possibilidade de aceitação por meio do silêncio do oblato conste dos temos da proposta, a fim de que ele seja considerado forma de aceitação, consoante era exigido pela posição doutrinária anteriormente exposta.

Para Pacchioni, na mesma linha, o silêncio poderá ter eficácia de consentimento, desde que cercado de um conjunto determinado de circunstâncias. Baseando-se no entendimento de que o homem possui uma responsabilidade social perante os demais, sustenta o autor que dessa responsabilidade surgem diversos deveres, dentre os quais, em determinadas vezes, o de falar ou o de calar. Assim, estando o homem inserido em sociedade, não pode, como bem entenda, expandir-se ou permanecer em recolhimento, levando-se em conta, especialmente, as conseqüências que seu comportamento terá.[279]

Diz o autor que, ao homem, "[...] envolvido na rede das relações sociais e nas engrenagens da vida comercial, não lhe é permitido deleitar-se sempre em ser ou fingir ser uma esfinge". Devido a esse posicionamento, Pacchioni não vislumbra nenhum tipo de contradição entre os provérbios "quem cala consente" e "quem cala nada diz", pois, segundo explica, um corrige o outro e o que se deduz da relação entre ambos é que o silêncio tanto pode ser tido como assentimento quanto como dissentimento ou, ainda, como um estado de indiferença de quem silencia, dependendo do caso.[280]

É devido ao intermediarismo existente entre as situações que Pacchioni defende que o caminho correto a ser seguido é o "caminho do meio", pois somente a casuística é capaz de definir qual é a melhor solução e interpretação do caso concreto.[281]

O autor em questão ainda alcança duas conclusões dignas de nota. A primeira é no sentido de definir como arbitrário e equivocado o posicionamento da doutrina que aduz nada significar o silêncio

---

[278] RANELLETTI, Il silenzio..., p. 15. Importa referir que tal distinção entre silêncio *qualificado* e *simples* é típica e exclusiva do autor em questão.

[279] PACCHIONI, Il silenzio..., p. 26.

[280] Ibid.

[281] Ibid.

devido ao fato de ser o consentimento uma conseqüência positiva – que guia à formação do contrato – e que tal não poderia advir de um ato negativo – o de silenciar. O equívoco estaria expresso no próprio caráter infundado e não fundamentado de tal conclusão, e o arbítrio seria demonstrado por meio do episódio de ser o silêncio uma realidade social que está, sim, apta a exprimir um consentimento e que tal situação estaria sendo negada, de forma pretensiosa, pelo entendimento sustentado pela corrente anteriormente exposta.[282]

Portanto, para Pacchioni não há dúvida de que o silêncio, por fazer parte da realidade social, constitui, em face de quem fala, uma situação real suscetível de diversas interpretações, da qual é possível deduzir uma vontade (ou um ato de vinculação, na verdade) de quem cala.[283]

Por fim, o autor cita paradigmático exemplo, comparando o silêncio – um ato que considera, efetivamente, negativo – a uma imagem firmada sobre um negativo de uma fotografia: a negativa, se conservada contra a luz, não reflete a imagem, a qual, porém, surge, a toda evidência, sobre um determinado fundo opaco. Assim o silêncio: por si mesmo nada diz, mas, sobre o fundo opaco de um determinado complexo de circunstâncias, pode significar tanto quanto a palavra.[284]

Importa esclarecer, no entanto, considerando-se a posição da primeira corrente teórica antes exposta, que, para Pacchioni, a necessidade da conjugação do silêncio com fatores circunstanciais não lhe tira o caráter de meio apto a ser valorado no mundo jurídico, inclusive como aceitação. Ao revés, tanto a existência das circunstâncias que tornarão o silêncio um meio hábil de declaração da aceitação, quanto a exigência de que elas, de fato, existam, é que justificarão e fortalecerão a idéia do valor concedido ao silêncio pelos teóricos do grupo do qual era integrante Pacchioni. Esse autor também defende haver valor no silêncio no enfoque contratual, asseverando que o silêncio terá eficácia de vontade contratual quando envolto por um conjunto de circunstâncias, deduzindo que "não se pode negar que da negação ou da omissão não se possa extrair o condão de dar surgimento ao contrato".[285]

Mota Pinto, P. resume com precisão o entendimento dos pensadores dessa terceira teoria do silêncio: "Segundo estes outros escri-

---

[282] PACCHIONI, Il silenzio..., p. 24.

[283] Ibid.

[284] Ibid.

[285] Ibid.

tores, poder-se-iam determinar algumas condições cuja verificação conduziria em geral a atribuir ao silêncio valor negocial".[286]

Desse modo, no entender dessa teoria, deve avaliar-se particularizadamente, em uma verdadeira *casuística do silêncio*,[287] a interpretação que, em última análise, deve emanar dos usos, da boa-fé e das circunstâncias do caso,[288] não bastando o silêncio puro.[289]

Assim expostos os fundamentos de uma Teoria do Silêncio e feitas as necessárias distinções, é chegado o momento mais propriamente analítico do estudo. Na Segunda Parte passar-se-á à análise dos elementos que permitem a qualificação jurídica do silêncio no sistema de Direito Civil brasileiro.

---

[286] MOTA PINTO, P.C. C., *Declaração...*, p. 633.

[287] A expressão é utilizada por diversos autores, dentre eles, exemplificativamente ANDRADE, W. S., O papel..., p. 72.

[288] Na presente obra, a dita "casuística" será examinada no Capítulo 5.

[289] Nesse sentido, SERPA LOPES, *O silêncio...*, p. 59-69.

Parte II – ELEMENTOS DE QUALIFICAÇÃO JURÍDICA DO SILÊNCIO

Para fins de se concluir acerca da natureza jurídica do silêncio, há que se considerar as posições quanto ao tipo de declaração na qual ele se configura: se é forma de declaração expressa ou tácita – a qual poderia desdobrar-se ou em comportamento concludente e silêncio ou em comportamento concludente positivo e negativo – ou se é forma de declaração (de aceitação, no caso) autônoma.

Atualmente, diversos ordenamentos jurídicos contemplam,[290] ainda que excepcionalmente, a possibilidade de o silêncio, além das declarações expressa e tácita, valer como forma de declaração. É necessário, porém, que sejam preenchidos alguns requisitos, ou seja, a atribuição de valor ao silêncio como aceitação dar-se-á, sempre, em face de determinadas circunstâncias, que variam de um ordenamento para outro.[291]

Importa analisar criteriosamente a legislação nacional e estrangeira a este respeito a fim de definir não somente quais são os efeitos que eventual silêncio pode ter nas relações jurídicas contratuais, mas, sobretudo, quais são as circunstâncias que o qualificarão.

Enfrentar-se-á, também, com uma respectiva análise crítica, o enfoque e o regramento que vêm sendo concedidos pela doutrina e jurisprudência a casos de silêncio, especialmente na esfera da formação dos contratos.

Com o objetivo de se obter um melhor juízo do dispositivo legal hoje autorizador, no Direito brasileiro, do silêncio como forma de anuência no negócio jurídico, o qual guiará à autorização do silêncio como aceitação contratual, serão também apreciadas as disposições legais dos sistemas estrangeiros, a fim de que, por meio de análise

---

[290] Ver nota de rodapé números 292 (remissão à Fradera).

[291] Dessa forma, resta comprovado que a teoria mais aceita, atualmente, face às demais que existiram (como demonstrado no Capítulo 3), é a menos restritiva, isto é, a que considera o silêncio como forma apta a declarar aceitação a uma proposta contratual. Essa é designada no presente estudo como sendo a corrente mais heterodoxa.

comparativa, se possa atingir a melhor compreensão possível à realidade do Direito nacional.

Para tanto, serão examinadas as condições autorizadoras impostas pelo Código Civil brasileiro, tomando-se em conta, igualmente, a evolução do estudo da problemática ao longo dos anos, as circunstâncias impeditivas de se ter o silêncio como aceitação contratual, além de, exemplificativamente, outros elementos fáticos e normativos de concreção do silêncio. Ainda, não será desprezada a apreciação, mesmo que de forma indireta, do que vem sinalizando a jurisprudência sobre o assunto, com fins de exemplificação de casos concretos e exame das situações reais e extremamente relevantes das quais se está tratando.

Os objetivos a serem alcançados são, em larga medida, resumidos no seguinte sentido: (i) definir se dentre os comportamentos concludentes pode-se incluir o silêncio e, principalmente; (ii) determinar se o silêncio pode ser meio autônomo ou variável – ora expresso ora tácito – de declaração; e (iii) após avaliação da abordagem conferida pela jurisprudência nacional e comparada, bem como das legislações acerca do silêncio em vários ordenamentos, estabelecer a compreensão dogmática a respeito do tema no Direito brasileiro.

4. Declaração da aceitação por meio do silêncio

É dado o momento de se avaliar, sobretudo com relação ao Direito atual, a valoração do silêncio como forma de declaração e de aceitação no momento da formação de um contrato. Necessária se faz, primeiramente, a apreciação do tema nos ordenamentos estrangeiros, para, então, sob esta luz e de forma mais ampla, examinar-se a problemática na ótica do Direito brasileiro.

Ressalta-se, desde já, que, em termos legislativos, nem o Direito alemão nem o italiano possuem disciplina legal expressa, pelo menos de tratamento genérico, acerca do silêncio e de sua relevância jurídica.[292] O que efetivamente existe, nos sistemas jurídicos que estão sendo estudados, são menções à eficácia do silêncio em casos específicos; que acabam por constituir aquelas exceções e previsões legais que valoram o silêncio de forma taxativa. Apenas o Direito português[293] assemelha-se ao atual Direito Civil brasileiro, dispondo, expressamente, sobre o regramento geral a ser atribuído ao assunto.

Seja como for, a doutrina e a jurisprudência de todos os países antes referidos ocupam-se com a problemática do silêncio, na medida em que é uma realidade e precisa ser enfrentada pelo Direito.

---

[292] Mota Pinto, P. vai para além dos ordenamentos citados, referindo, ainda, que: "Nas legislações alemã, austríaca, italiana, francesa e espanhola não existe um preceito geral sobre a relevância jurídica do silêncio". (Conforme MOTA PINTO, P. C. C., *Declaração...*, p. 651). Fradera também faz importante apanhado acerca do silêncio na legislação estrangeira atual, examinando a problemática, dentre outros ordenamentos, no Direito alemão, francês, na *Common Law*. (Nesse sentido, FRADERA, O valor..., p. 574-578).

[293] Dentre os sistemas de Direito comparado que estão sendo levados em conta na presente obra.

4.1. A sistemática do silêncio como declaração negocial no Direito comparado

No que diz respeito ao Direito italiano, Betti inicia de forma interessante seu enfrentamento acerca da questão do silêncio, assim aduzindo:

> Ela não deve apresentar-se assim: se poderá haver um negócio jurídico sem manifestação alguma; são termos equívocos, que roçam pelo absurdo. Não se trata, tãopouco, de ver se alguma vez, e quanto a determinadas categorias de relações, será suficiente que a «vontade» (pelo que se entende o conteúdo do negócio), se apresente como «reconhecível», sem necessidade de ser pròpriamente exteriorizada, pois isto seria uma proposição contraditória, visto que a recognoscibilidade de uma intenção prática só pode conceber-se como efeito de uma exteriorização, ainda que indirecta, desse propósito. Ora não é, em absoluto, de excluir que o silêncio, como ausência de uma manifestação positiva, valha, todavia, como negócio jurídico.[294]

Quanto à análise dos requisitos necessários para valoração do silêncio, o autor começa – com base em apreciação que ainda remonta a preceitos canônico e romano[295] – atrelando o consentimento ou assentimento à iniciativa alheia, ambos por meio do silêncio, à omissão consciente do agente.[296] Nada obstante, reconhece Betti ser suficiente, a fim de que o silêncio adquira significado negocial, a apreciação, contingente e variável, do ambiente histórico, dos usos e da consciência social, além das qualidades das pessoas e das circunstâncias nas quais elas atuam, no caminho da objetivação, de acordo com as concepções do comércio. Ainda nessa linha de raciocínio, o silêncio pode tornar-se significativo, segundo critérios objetivos, como um costume prevalente em um determinado setor social; ou subjetivos, por meio de uma prática introduzida que, segundo Betti, denominam-se usos interpretativos e normativos; ou de um acordo estabelecido entre as partes.[297]

Isso porque "costumes, práticas e acordos desse gênero, têm, sobretudo, razão de ser em matéria contratual, na qual a conduta do destinatário da proposta, que se abstenha de responder a ela negativamente, é, *por vezes*, interpretável como aceitação".[298]

---

[294] BETTI, *Teoria...*, p. 272-273,

[295] O autor refere-se ao preceito *qui tacet consentire videtur* e à circunstância que o teria complementado, *si loqui debuisset ac potuisset*. (Ibid., p.273).

[296] Nesse particular, e sobre o entendimento moderno que se constata ser mais adequado, ver nota de rodapé número 142, a respeito das circunstâncias objetivas a serem consideradas, em detrimento das subjetivas.

[297] BETTI, *Teoria...*, p. 273-275.

[298] Ibid., p. 275.

No que concerne à matéria contratual, Betti também fornece exemplos de casos a ela ligados nos quais o silêncio poderá ser valorado como aceitação. Menção é feita à fatura de mercadoria que contenha cláusulas diversas das contratualmente acordadas e a livros recentemente lançados enviados por livreiro a usual comprador, que assim solicite. Na primeira hipótese, por exemplo, a valoração do silêncio dependerá dos usos correntes entre as partes envolvidas, isto é: caso os usos interpretativos a que a relação esteja sujeita defina que a aceitação das alterações dar-se-á de forma implícita quando a fatura for recebida sem reservas, valerá o silêncio como aceitação; caso não haja tal costume de entendimento, o silêncio não poderá ser assim considerado. Na segunda hipótese, igualmente a conclusão acerca do silêncio dependerá do hábito das partes contratantes: se, dentre os livros enviados, os que não são devolvidos, em um dado prazo, pelo proposto comprador ao livreiro, são rotineiramente comprados e pagos os seus respectivos preços, ocorrendo situação como a descrita o proponente poderá considerar a proposta como aceita quanto às obras não restituídas, em caso de sua não restituição naquele dado prazo.[299] Conclui Betti, sobre os exemplos: "[...] para que o silêncio [...] valha como aceitação da factura recebida, ou da coisa oferecida, é preciso que as duas partes já estejam, anteriormente, em relações de negócios, por forma que aquele que recebe não se encontre perante um facto inesperado [...]".[300]

Assim, sob o enfoque conferido à matéria por esse doutrinador italiano, em suas lições de meados do século XX, apreende-se que o silêncio vale como aceitação e está apto a determinar a formação do contrato sempre que presentes circunstâncias autorizadoras que irão variar de acordo com o caso que se estiver enfrentando. A teoria do silêncio a que se vincula o Direito italiano é, por conseguinte, a terceira teoria, que concede valor ao silêncio, desde que circunstanciado.

Também tem esse entendimento Messineo, ressaltando que, como regra geral pura e simples, o silêncio não pode ser considerado aceitação. O autor ainda alerta para a gravidade das conseqüências que adviriam de tal valoração, caso erigida à regra geral, quando, então, todos, pelo simples fato de haver recebido uma proposta contratual, seriam tidos como aceitantes, se não se apressassem a declarar que não aceitavam. O autor salienta, todavia, que o fato de a valoração do silêncio como aceitação não ser a regra geral não exclui a possibilidade e a realidade de ele valer, em determina-

---

[299] BETTI, *Teoria...*, p. 275-276.
[300] Ibid., p. 276-277.

das circunstâncias, como aceitação – e cita casos legais nos quais o silêncio é assim considerado, dado o dever de protesto da parte silenciosa.[301]

De igual modo, vale destacar a ressalva operada por Messineo quanto à comparação entre silêncio e comportamento concludente, afirmando que o silêncio do destinatário da oferta é diverso da aceitação tácita, pois silêncio é inércia, não ato concludente positivo,[302] comparação essa que se constata ser verdadeira também no Direito brasileiro.

Resta claro, dessa forma, que o Direito italiano atual considera o silêncio como forma de manifestação apta a significar aceitação, desde que presente um conjunto de circunstâncias que variarão conforme o caso concreto.

Assim como na Itália, do mesmo modo na Alemanha o silêncio é assumido como forma de declaração ou ato de autonomia contratual.[303]

Larenz principia seu estudo a propósito da temática do silêncio com a seguinte afirmação: "Hay situaciones en las que el silencio es «elocuente»: quien cala en una de esas situaciones, esto es, se comporta positivamente, expresa con ello cabalmente que quiere aceptar un determinado efecto jurídico".[304]

As situações a que Larenz se refere irão sempre requerer circunstâncias especiais que permitam valorar o silêncio como um meio de declaração, desde que diante de um requerimento, notificação ou declaração precedentes. Nesse sentido, vale dizer que esse autor sa-

---

[301] MESSINEO, *Doctrina...*, p. 324-325. O autor faz referência ao artigo 1.333 do Código Civil italiano, como previsão legal aplicável ao silêncio válido como aceitação. (Ibid., p. 325). Dispõe o dispositivo mencionado que *"Art. 1.333 Contratto con obbligazioni del solo proponente*. La proposta diretta a concludere un contratto da cui derivino obbligazioni solo per il proponente è irrevocabile appena giunge a conoscenza della parte alla quale è destinata. § Il destinatario può rifiutare la proposta nel termine richiesto dalla natura dell'affare o dagli usi. In mancanza di tale rifiuto il contratto è concluso".

[302] Ibid., p. 324. Ainda com relação ao Direito italiano, para fins de síntese, ver RESCIGNO, Pietro. *Trattato di diritto privato*: obbligazioni e contratti. 2. ed. Tornio: UTET, 1996. v. 10, t. 2. p. 45-47. Além disso, importante destacar que Roppo faz análise demasiadamente simplória da problemática do silêncio, chegando a indicar ter entendimento contrário aos demais aqui expostos, sem, no entanto, de forma convincente, esclarecer suas razões, daí porque deixa-se de considerar tais eventuais divergências no Direito italiano. (Assim, ROPPO, *O contrato...*, p. 94-96).

[303] Ao se analisar o Direito alemão, é preciso ter-se presente as diferenças conceituais entre proposta e aceitação no que diz respeito às relações de consumo no sistema brasileiro e no alemão, tal como se apreciou no item 1.2.

[304] LARENZ, *Derecho...*, p. 487.

lienta que não há unanimidade na doutrina quanto à possibilidade de declaração mediante o silêncio de uma das partes.[305]

São relevantes as hipóteses legalmente previstas sobre o assunto. Assim, Larenz alude que em diversos casos a lei dispõe que se considere o silêncio como declaração de conteúdo determinado. Nessas hipóteses, não só se interpretará o silêncio em caso de dúvida na declaração ou no agir da parte, mas, por conta do preceito legal, independentemente das particularidades concretas, terá o silêncio os efeitos que teria uma declaração "de vontade"[306] com o correspondente conteúdo.

Imperioso verificar a complementação de Flume, quanto ao "silêncio como declaração de vontade".[307] Conforme esse autor, no Direito alemão fala-se em "declaração sem palavras" – de que faz parte o silêncio – e "declaração mediante palavras".[308] Com relação à primeira, no que concerne ao silêncio, esclarece o doutrinador alemão que ele poderá ser tido como declaração, além de no caso das hipóteses legais, quando houver um entendimento ou acerto prévio entre as partes para que tal se perfectibilize.[309] As ilustrações oferecidas pelo autor são as tradicionais manifestações em assembléias, nas quais há combinação prévia quanto ao fato de erguer a mão significar discordância, por exemplo; aquele que não a erguer, apesar de permanecer inerte, silencioso, omisso, isto é, de nem mesmo praticar um ato concludente, aceita e/ou manifesta consentimento.[310]

Flume esclarece que, não estando presentes no caso ou não existindo tais convenções, sem acordo especial, portanto, o silêncio somente poderá significar um sinal de aceitação ou declaração quando, dadas as – ou por força das – circunstâncias, ele possuir tal caráter.[311] A força das circunstâncias e o conteúdo que elas teriam exatamente, todavia, não podem ser igualados ao entendimento do

---

[305] Ibid. Para uma análise sobre os autores que se manifestam contra o silêncio como declaração, ver nota de rodapé de Larenz número 99, na mesma página.

[306] A expressão declaração *de vontade* é de LARENZ, op. cit., p. 492.

[307] FLUME, *El negocio...*, p. 93 et seq.

[308] Ibid. p. 94.

[309] Nas palavras do autor: "El silencio es signo de declaración cuando entre los partícipes en una declaración de voluntad, es decir, entre aquel que emite la declaración y aquel frente a quien se emite, se ha fijado de común acuerdo como signo de declaración. En negocios aislados esto sucede muy raramente. Es más frecuente en el caso de una relación comercial [...]" (Ibid., p. 94).

[310] O exemplo, que adaptado pela doutrina brasileira, refere-se ao *ato de erguer a mão*, independentemente da convenção acerca do significado desse ato – se concordância ou discordância – é tido como declaração expressa.

[311] Conforme FLUME, *El negocio...*, p. 94.

silêncio circunstanciado no Brasil, por exemplo.[312] Isso porque, ao falar em circunstâncias que autorizam o silêncio, a doutrina alemã, em geral, faz referência, na verdade, a acordo ou convenção prévia entre as partes, que definam tal entendimento (de ser o silêncio aceito como forma de assentimento).

Flume ainda evoca a necessidade, em termos "sociais", da consciência do silente, sobre os efeitos de sua inação, como requisito para configuração do silêncio como sinal de declaração. Nesse aspecto, porém, já se averiguou no curso do livro que não há, exatamente, necessidade de o silente em questão ter conhecimento de tais efeitos, mas de o senso comum ou quem estivesse, diligentemente, ocupando seu lugar, os conhecer. Aqui, Flume fornece o exemplo de um comerciante que havia prometido a um corretor uma determinada comissão por um pedido de cliente desse último a ser pago em letras de câmbio. O comerciante esclareceu, porém, durante as negociações entre aqueles outros dois, que a comissão só seria devida depois de recebido o dinheiro relativo à totalidade das letras de câmbio. O corretor permaneceu inerte face a tal ressalva de pagamento da comissão feita pelo comerciante. Esse silêncio será necessariamente, segundo Flume, tido como aceitação da proposta de pagamento feita pelo comerciante. Complementa o autor dizendo que "Todo el mundo sabe que en tales casos el silencio se entenderá como asentimiento. Hay que admitir que el corredor también lo sabía",[313] o que, em certa medida, comprova a constatação acima feita acerca da necessidade de a consciência ser do silente ou de quem estivesse em seu lugar. Isto é, o que importa são as circunstâncias inseridas nos usos, no entendimento corrente no tráfego negocial.[314]

Nada obstante, é de constatar-se que, nesse particular, Flume demonstra que o Direito alemão também segue, em alguma medida, a linha da terceira teoria aqui estudada acerca da valoração do silêncio, ou seja, reconhece valor ao silêncio circunstanciado.

Com relação à eventual regra geral, após avaliar a correção dos antigos brocardos romano e canônico sobre o silêncio, e tendo em vista que não há disposição legal genérica sobre o assunto (nem específica quanto à oferta contratual) no BGB, pondera Flume em relação ao entendimento do Superior Tribunal de Justiça alemão

---

[312] Conforme se apreciará no Capítulo 5.

[313] Conforme FLUME, op. cit., p. 95.

[314] Nesse sentido, remete-se, especificamente, ao item 6.2 e às conclusões que lá se alcançarão.

("BGH").[315] O juízo feito por esse Tribunal a respeito de uma oferta de um contrato no tráfego mercantil é o de que

> [...] por regla general no hay que valorar el silencio ante una oferta de contrato en el tráfico mercantil como aceptación. Pero debe ser considerado como aceptación si conforme a la buena fe hubiera sido necesaria una manifestación en contra del destinatario de la oferta.[316]

Considera o autor, porém, que esse entendimento não deve ser por demais compartilhado, por ser demasiadamente genérico.

Há, ainda, outra decisão tomada como paradigma por Flume, apta a ilustrar o entendimento da jurisprudência alemã acerca do silêncio como meio válido de aceitação contratual. Dessa feita, a Corte Regional de Düsseldorf ("OLG" Düsseldorf)[317] valorara o silêncio como negativa. No caso analisado por este Tribunal, entretanto, que justificará a conclusão alcançada, havia uma espécie de ressalva nos próprios termos da proposta indicando que a mercadoria seria entregue assim que houvesse a confirmação de que devesse ser entregue pelo mesmo preço, observadas as condições conhecidas. Ou seja, se o proponente começou a providenciar as mercadorias antes do aceite do oblato, foi por conta e risco seus, dados os termos da proposta.[318]

Observa-se, porém, comparando-se os dois exemplos supra mencionados, que as situações fáticas em um e em outro caso são completamente diversas, daí porque é de concluir-se que as soluções não podem ser tomadas como antagônicas, uma vez que não retratam situações similares.

O posicionamento alemão, por conseguinte, consoante se denota das conclusões e dos estudos descritos por Flume, é o de que o silêncio, em face ao princípio geral válido, frente a uma proposta contratual, não vale como assentimento. Há, todavia, exceção, pois,

> [...] si el destinatario conoce que el proponente cuenta con la aceptación de la oferta por silencio, tendrá que considerársele obligado, en caso de que exista una relación comercial, a llamar la atención de la otra parte en el negocio sobre el no perfeccionamiento del contrato.[319]

---

[315] A versão em alemão para o referido tribunal é Bundesgerichtshof. A abreviatura, mundialmente utilizada, inclusive na Alemanha, é "BGH", daí porque este será o termo adotado.

[316] Conforme FLUME, *El negocio...*, p. 96.

[317] A sigla "OLG" refere-se, em alemão, a Oberlandesgericht, que significa, em tradução livre, Corte Regional.

[318] Assim, FLUME, op. cit., p. 771.

[319] FLUME, *El negocio...*, p. 772.

No caso de o oblato não agir assim e insistir que o contrato não se aperfeiçoou, estará agindo contra a boa-fé objetiva, visto que deveria, necessariamente, no caso ilustrado, permanecendo silente, admitir que o contrato ter-se-ia formado.

A doutrina portuguesa, cujo ordenamento possui regramento legal quanto ao silêncio bastante similar ao brasileiro, também se dedica à análise da problemática. No diploma civil português, a disciplina de o silêncio valer como declaração encontra-se disposta, de forma expressa e direta, no artigo 218º desse código, que assevera: "ARTIGO 218º (O silêncio como meio declarativo) O silêncio vale como declaração negocial, quando esse valor lhe seja atribuído por lei, uso ou convenção".[320]

Observa-se, portanto, que o Direito português confere ao silêncio valor equivalente ao de declaração negocial, se atendidos os requisitos do artigo 218º do Código Civil daquele país. Por conta da letra do texto legal, os doutrinadores portugueses fazem questão de se ater à possível inferência de o silêncio não *ser* uma declaração negocial e ao fato de o Código Civil português não igualar, em tese, uma coisa à outra, apenas permitindo que sejam tidos como *equivalentes*. Nesse sentido, Menezes Cordeiro, ao explicar que o artigo 218º, não considera o silêncio uma declaração:

> [...] ele [o artigo 218º] apenas manda que, ao silêncio, se apliquem regras da declaração negocial, no tocante aos efeitos ("... vale como declaração ..."). [...] a declaração negocial é algo ontologicamente autônomo, que existe ou não existe; não pode qualquer lei fazer mais do que aproximar regimes, sem criar algo de inexistente. Quando o silêncio tenha, pois, tal alcance, não é de uma declaração que se trata, mas antes de uma transposição de regimes – sempre na medida do possível e com as necessárias adaptações.[321]

O autor ressalta, dessa forma, que o silêncio não pode ser tido como declaração, mas que apenas os efeitos advindos de uma declaração e do silêncio, este último nas hipóteses do artigo 218º, serão

---

[320] Diz-se que o artigo 218º se trata de disposição expressa e direta porque, na sistemática do Código Civil português, há outros artigos que poderiam guiar o intérprete à conclusão da aceitação do silêncio como declaração, mas esse é o artigo que enfrenta diretamente a matéria. Quanto aos demais artigos relacionados à declaração negocial, vinculados ao silêncio, destacam-se os seguintes: "Artigo 217º (Declaração expressa e declaração tácita) 1. A declaração negocial pode ser expressa ou tácita: é expressa, quando feita por palavras, escrito ou qualquer outro meio directo de manifestação da vontade, e tácita, quando se deduz de factos que, com toda a probabilidade, a revelam. 2. O carácter formal da declaração não impede que ela seja emitida tacitamente, desde que a forma tenha sido observada quanto aos factos de que a declaração se deduz"; e "Artigo 234º (Dispensa da declaração de aceitação) Quando a proposta, a própria natureza ou circunstâncias do negócio, ou os usos tornem dispensável a declaração de aceitação, tem-se o contrato por concluído logo que a conduta da outra parte mostre a intenção de aceitar a proposta".

[321] MENEZES CORDEIRO, *Tratado...*, p. 545-546.

equivalentes. Na prática, perfectibilizando-se uma das hipóteses do referido dispositivo, o silêncio *valerá* como se declaração negocial fosse, podendo, assim, *valer* como aceitação a uma proposta contratual.[322]

Menezes Cordeiro ainda avalia a questão do silêncio em face de requisitos formais do negócio jurídico. Parte ele do pressuposto de que: "Por definição, o silêncio envolve a ausência de qualquer declaração; não pode, por isso, apresentar forma"; e conclui que, caso fosse exigido um grau muito alto de formalidades para o negócio que se estivesse formando por meio do silêncio, a existência dele mesmo já seria duvidosa, pois, "[...] tudo apontaria, antes, para a presença de um negócio tácito".[323]

Por fim, há que se examinar o estudo do doutrinador português Mota Pinto, P. a respeito do silêncio como declaração negocial e aceitação contratual, o qual, em certa medida, vai de encontro ao acima exposto.

Esse autor, inicialmente, destaca que a doutrina entende que a palavra silêncio designa um comportamento totalmente omissivo, significando não só o *nada dizer*, como o *nada fazer*, dando a entender que o silêncio não poderia ser interpretado como categoria de comportamento concludente ou declaração tácita. O autor hesita, referindo que a distinção: "[...] entre os casos de silêncio e de declarações por acção também não significa, que, pelo menos desde já, se deva ver o primeiro necessariamente como uma categoria à parte, ao lado da declaração tácita ou expressa, limitando esta distinção a declarações pela acção".[324] O autor não atinge uma conclusão, mas remete-se ao estudo da casuística, para fins de concluir a questão.

Quanto à disciplina do artigo 218º do Código Civil Português, assevera Mota Pinto, P. que ele deve ser interpretado como uma regra de exclusão da falta de valor declarativo que, usualmente, a atitude omissiva possui no Direito português, vale dizer: entende ele que, em regra, ao silêncio – sem qualquer outro elemento que dele seja qualificador – não deve ser atribuído valor de declaração negocial e que o artigo 218 dispõe sobre as exceções aceitas no ordenamento jurídico português.[325]

---

[322] O autor analisa cada uma das hipóteses previstas no artigo em referência como elementos de concreção do silêncio, quais sejam: lei, uso e convenção. Remete-se, portanto, a Menezes Cordeiro para um estudo nesse sentido, quanto à legislação portuguesa. (Ibid., p. 543-547).

[323] Ibid., p. 547.

[324] MOTA PINTO, P. C. C., *Declaração...*, p. 631-632.

[325] Ibid., p. 637-639.

Nesse ponto, conclui o autor que resta afastada a possibilidade de equiparação entre comportamentos ativos e omissivos, pois para a relevância do silêncio não basta, por exemplo, que o valor declarativo resulte de regras de interpretação – como ocorre com os comportamentos ativos, que importam em manifestação por comportamento concludente. É necessária, antes, a existência de certos elementos qualificadores que lhe atribuam dito valor, *além* da questão interpretativa, pois, esta última, apesar de não vir a ser afastada, apenas não constitui causa suficiente.[326]

O que em Portugal se apresenta como questão polêmica, além das demais peculiaridades da questão do silêncio, comuns aos outros ordenamentos estrangeiros aqui examinados, é a qualificação jurídica do silêncio: como declaração negocial, como negócio jurídico ou como simples caso de eficácia *ex lege*. Em suma, a problemática que se criou é a de que a equiparação do silêncio à declaração negocial diria respeito apenas aos efeitos e não aos pressupostos, de forma que a identidade entre uma e outra coisa como valor fundante não existiria.

A esse respeito, Mota Pinto, P. inicia demonstrando que o critério de valor do comportamento omissivo nunca poderá ser resolvido através de recurso a fórmulas unitárias – fazendo referência, exemplificativamente, às regras pretensamente universalizantes do Direito romano e do canônico – pois elas não possuem um suficiente "valor diferenciador".[327]

É nesse contexto que o autor traz à baila, uma vez mais, a exata letra do artigo 218º do Código Civil português, antes transcrito. Sustenta que o silêncio puro, sem qualquer elemento qualificador, não tem valor declarativo, quer dizer, em regra, não é *"juridicamente eloqüente"*.[328]

É tendo como base também o referido texto legal que Mota Pinto, P. justifica a polêmica que se criou na doutrina quanto ao enquadramento do silêncio. Explica ele que a doutrina que defende que a

---

[326] Conforme MOTA PINTO, P. C. C., *Declaração...*, p. 642.

[327] Ibid., p. 637.

[328] Nesse sentido, o autor chega a exemplificar o caos que se estaria provocando, caso fosse geralmente atribuído valor de declaração negocial ao silêncio não qualificado ou circunstanciado, nos seguintes termos: "Fosse atribuído geralmente valor de declaração negocial ao silêncio, por exemplo, do destinatário de uma proposta, e poder-se-iam *impor vinculações* aproveitando as distracções, a negligência, os muitos afazeres ou ocupações da outra parte, assim se onerando insuportavelmente o tráfico jurídico com os correspondentes deveres de atenção e resposta pronta. A falta de reacção, o estado de inércia, tornar-se-iam uma fonte de vinculações não queridas e que, muitas vezes, não se teria sequer possibilidade de rejeitar, limitando também em excesso a auto-determinação e atentando contra o princípio da autonomia privada". (MOTA PINTO, P. C. C., *Declaração...*, p. 638-639).

atitude omissiva não constitui uma declaração, "[...] apenas lhe sendo equiparada por força de lei [...]",[329] baseia-se no próprio texto do artigo 218°, segundo o qual o silêncio *vale como* declaração negocial. A posição dominante da doutrina, segundo Mota Pinto, P., todavia, não é essa. Defende-se, ao contrário, que o silêncio "[...] *pode ser uma declaração negocial* – quer expressa, quer tácita, [...] – desde que verificadas certas condições".[330]

O autor julga, no entanto, quanto à questão do enquadramento do silêncio, retomando o exame antes indicado – para o qual lança o autor mão da casuística – que da simples letra do artigo 218° não se podem extrair elementos probantes de um ou outro entendimento no que se refere à qualificação dos casos de silêncio. Supõe que, para interpretação desse artigo, deve ser ultrapassado o plano do elemento literal e buscada uma consideração de substância dos casos em tela.[331]

Convence-se o autor de que o tipo de relevância do silêncio no Direito Privado exigirá uma consideração diferenciada nas hipóteses passíveis de sua configuração. O comportamento omissivo poderá ser uma declaração negocial ou não. Aliás, segundo o autor, a idéia de que este tipo de comportamento silencioso poderá ter relevância diversa, conforme o caso, não é característica do ato omissivo, pois as ações (atos ativos) também podem demonstrar tal atributo, variando, dependendo da realidade concreta, seus efeitos e, eventualmente, seus pressupostos.[332]

Nessa linha, o silêncio tanto poderá "[...] ser meio para uma verdadeira declaração negocial – um sinal declarativo ou 'meio declarativo'"[333] – quando se tratará de um comportamento negocial eficaz; quanto apenas constituir comportamento juridicamente relevante – quando, então, não será um comportamento eficiente e constituirá "[...] *facto jurídico não negocial*".[334] Nesse último caso, o silêncio será suscetível de constituir mero pressuposto de conseqüências semelhantes às negociais, mas produzidas *ex lege*. Naquele primeiro caso, todavia, o silêncio será a própria declaração, o próprio comportamento negocial.

Seja como for, o que importará ponderar, sempre, será a presença ou ausência das circunstâncias qualificadoras do silêncio como

---

[329] MOTA PINTO, P. C. C., *Declaração*..., p. 693.

[330] Ibid., p. 694.

[331] Ibid., p. 638-639.

[332] Ibid., p. 697.

[333] Ibid., p. 698.

[334] Ibid.

declaração negocial. Dessa forma, é a evolução desse entendimento no Direito brasileiro que se começa a analisar.

4.2. A evolução do silêncio como declaração no Direito brasileiro

Antes de se examinar o texto normativo que regula os casos de silêncio relacionados a negócio jurídico no Código Civil brasileiro e as condições que se impõem, dele advindas, importa avaliar como o assunto era tratado no Brasil, em nível de doutrina e de jurisprudência, quando não havia disposição legal específica sobre o tema (vale dizer, durante a vigência do Código Civil de 1916).[335]

Pontes de Miranda esclarece que, em princípio, ninguém possui dever de responder as propostas ou ofertas que recebe. Assim, o silêncio do oblato não poderia ser tido como aceitação. O próprio autor, todavia, abre espaço às exceções: "[...] anteriores entendimentos, os usos do tráfico e as cláusulas especiais insertas na oferta, podem preestabelecer que se tenha como aceita a oferta a que se seguiu inatividade, silêncio, do destinatário".[336]

Os textos legais do Código Civil de 1916 que, tanto para doutrina, conforme se denota também a partir do entendimento ainda de Pontes de Miranda,[337] quanto para a jurisprudência, justificavam a possibilidade de aceitação contratual por meio do silêncio eram os artigos 1.079 e o 1.084. A importância de ambos os referidos artigos demanda nova transcrição de seus textos:

Art. 1.079. A manifestação da vontade, nos contratos, pode ser tácita, quando a lei não exigir que seja expressa.

---

[335] Em que pese no Código Civil de 1916 não haver disposição expressa acerca do silêncio, importa salientar, até mesmo para fins de constatação da origem do atual artigo 111 do Código Civil, que o Esboço apresentado por Teixeira de Freitas previa a forma silenciosa de consentimento. Dispunha o artigo desse último que: "Art. 1.838. A recíproca declaração do consentimento pode dar-se: *Expressamente*, por qualquer das formas indicadas no art. 447 [já transcrito, na nota de rodapé número 141]. *Tàcitamente*, não só por atos não acompanhados de palavras pronunciadas ou escritas (art. 448), como por *inação*, ou pelo *silêncio*. *Entre presentes*, isto é, entre partes que tratam em pessoa. *Entre ausentes*, por meio de *agentes*, qualquer que seja a sua denominação; ou por *correspondência epistolar*". (TEIXEIRA DE FREITAS, *Código Civil...*). Depreende-se do texto desse artigo que Teixeira de Freitas considerava o silêncio uma subespécie de declaração tácita (sobre o assunto, ver itens 2.1 e 2.2).

[336] PONTES DE MIRANDA, *Tratado...*, v. 38, p. 24-25.

[337] Ibid., p. 22-25. Note-se, ainda, que o artigo 1.084 do Código Civil de 1916 é praticamente idêntico ao artigo 432 do Código Civil em vigor (cujo teor já foi transcrito, na nota de rodapé número 146). A diferença está no trecho que diz respeito ao *costume*, pois, no artigo 1.084 está disposto "[...] em que se não costuma [...]", enquanto o artigo 432 dispõe "[...] que não seja costume [...]", redação que confere ao artigo atualmente em vigor, é de constatar-se, significado mais aberto e objetivo.

Art. 1.084. Se o negócio for daqueles, em que se não costuma a aceitação expressa, ou o proponente a tiver dispensado, reputar-se-á concluído o contrato, não chegando a tempo a recusa.

Pontes de Miranda, primeiramente examinando o artigo 1.079, refere:

Aqui, não se definiu *tacitude*, nem *expressão*. Apenas se pôs a regra jurídica de poder não ser expressa (no sentido estrito) a manifestação de vontade se alguma regra jurídica não *exigiu* que o fosse. "Tácita" aí está em sentido amplo, que abrange a própria manifestação de vontade pelo silêncio.[338]

Já analisando o artigo 1.084, aduz o citado autor que a lei apontou o significado que deve ser atribuído ao silêncio, isto é, que o silêncio, por força de lei, não será "[...] espécie de manifestação de vontade; é a manifestação de vontade, tal como se previu na lei".[339] Ainda, percebe ele o duplo comando normativo do artigo, assim, ponderando:

O art. 1.084, 2ª parte, refere-se à *renúncia* à manifestação expressa de vontade pelo aceitante. Igual eficácia tem a dispensa da aceitação expressa se os usos e costumes o assentaram (art. 1.084, 1.ª parte). Aceitação há, pelo silêncio. Ali, o oferente expressou a sua renúncia. Aqui, os usos e costumes enchem de renúncia todas as ofertas que estejam com os pressupostos do art. 1.084, 1ª parte. A *aceitação pelo silêncio* não se há de confundir com a *aceitação tácita*, que supõe atos que se tenham de interpretar como de aceitação.[340]

Além disso, esse autor entende que não será, no caso, sob a égide de tal disposição legal, o costume ou eventual cláusula estabelecida na proposta que conferirá ao silêncio a função de aceitação, mas é a lei que o faz: "A lei criou significado típico, legal. Na regra jurídica, em tais casos, preestabelece-se que os pressupostos de silêncio compõem o suporte fáctico da aceitação".[341]

Finaliza Pontes de Miranda asseverando que a declaração silenciosa não deve ser confundida com a declaração por atos, enquanto esses significarem comportamento ativo, pois os atos serão justamente forma de declaração não silenciosa: "O silêncio é falta de ato".[342] A esse respeito tanto mais importante é a atenção prestada pelo autor, na medida em que a jurisprudência do âmbito do Código Civil de 1916 confundia declaração tácita e silêncio. De acordo com o autor, quando não se tratar do silêncio depreendido do artigo 1.084

---

[338] PONTES DE MIRANDA, *Tratado...*, v. 38, p. 22-23.

[339] Ibid., p. 25. [grifou-se]

[340] Ibid., p. 53.

[341] Ibid., p. 25.

[342] Ibid.

do Código Civil de 1916, o calar-se será apenas "[...] um dos elementos de fato para saber se houve manifestação tácita de vontade".[343]

Nesse sentido, veja-se, de forma exemplificativa, o conteúdo e o entendimento do seguinte julgado, proferido no âmbito do Código Civil de 1916, que ilustra a mencionada confusão.

O caso em questão diz respeito a fornecimento de mercadorias a operários que construíam uma estrada de ferro, mediante vales emitidos pela Estrada de Ferro (Fazenda do Estado de São Paulo), empresa empregadora dos operários. Os valores dos vales utilizados para obtenção pelos operários dos produtos fornecidos pelo autor da ação que eram emitidos pela empresa, de propriedade Fazenda do Estado de São Paulo, eram descontados da folha de pagamento dos operários pela Estrada de Ferro. Ocorreu que a Estrada de Ferro não controlou a emissão de vales nem a folha de pagamento dos operários e os valores dos vales superaram em muito os recebimentos dos operários, sendo que o fornecedor ficou sem receber a integralidade dos valores correspondentes aos vales, recebendo-os apenas parcialmente.

A ação foi, então, proposta pelo fornecedor de mercadorias contra a Fazenda do Estado de São Paulo, requerendo o pagamento das quantias faltantes. Em primeiro grau, a ação foi julgada procedente e o Tribunal de Apelação de São Paulo manteve integralmente a sentença.

O fundamento da decisão foi a existência de contrato tácito entre a Fazenda e o autor da ação. Ao descrever a constituição de tal contrato, entretanto, a decisão trata contrato tácito como sendo nascido pelo silêncio, isto é, iguala ambas as formas de celebração de contrato. Os trechos que deixam clara a confusão de conceitos são os seguintes: "De tudo isso se conclui que se formou entre a Estrada e o autor um verdadeiro contrato tácito [...]". Mais adiante, refere: "Os contratos tácitos se enquadram perfeitamente em nosso regime legal [...] [mas ele] não significa estipulação nascida única e exclusivamente do silêncio [...] [esse] é um dos elementos da manifestação da vontade, mas não gera, por si só, efeito algum". E conclui: "É imprescindível a ocorrência de outros elementos de convicção que

---

[343] PONTES DE MIRANDA, *Tratado...*, v. 38, p. 29. O calar-se será apenas *um* elementos porque, na declaração tácita, haverá outros atos a serem praticados pelo declarante, os comportamentos concludentes já examinados (item 2.2), que, conjugados com aquele ato de calar, caracterizarão a declaração tácita. Já na configuração do silêncio como declaração, o calar-se não estará conjugado a outros atos, mas à inação, vale dizer, à falta de atos, daí porque terão papel fundamental as circunstâncias e os usos. (Ver, nesse sentido, o Capítulo 5).

façam acreditar de modo incontestável que a vontade se dirigiu em determinado sentido".[344]

Depreende-se, portanto, da fundamentação da decisão acima indicada que o silêncio é inserido equivocadamente ao campo de análise, pois, diante das circunstâncias relatadas no processo, o que existia, de fato, era um contrato tácito e não um contrato formado pelo silêncio, o que evidencia a não individualização dos conceitos que se pretendeu com o exemplo demonstrar.

Já na apreciação feita por Gomes, a preocupação é no sentido de ser ou não o silêncio uma declaração. Isto é, seguindo-se a tendência do que se examinou em relação a parte da doutrina portuguesa, a dúvida também se depreende do enfrentamento da doutrina brasileira: o silêncio pode ser considerado a própria declaração ou apenas vale ou equivale como tal?[345]

Gomes entende que as declarações pressupõem, sempre, um *processo de comunicação*, que se faz por meio de palavras, gestos ou sinais. Sem oferecer um estudo aprofundado do tema, o autor afirma que pelo fato de a declaração pressupor exteriorização da vontade, ela não poderá encontrar sua forma no silêncio. Dado que o silêncio é um estado de absoluta inércia, ele não participa da natureza de uma declaração, pois esta se caracteriza pelo *"próprio notificatório"*.[346]

Em vista dessa opinião, Gomes conclui que o silêncio não pode ser considerado declaração; ele apenas valerá, dependendo do caso, como *vontade positiva*[347] e poderá ser forma de consentimento, mas somente equivalerá a uma declaração.

O mesmo autor ainda dá a entender que, pelo fato de a declaração ser necessária à formação do contrato, o silêncio não seria meio hábil a formá-lo, pois não *é* declaração, somente *equipara-se* a tal. Assim afirma o autor: "A *declaração* pressupõe exteriorização da vontade. Porque necessária à formação do contrato, tem-se indagado se o *silêncio* de uma das partes pode ser considerado *declaração de vontade*".[348]

O autor, todavia, não oferece uma solução clara e consistente ao problema que levanta. Porém, como vimos, no Direito Civil brasileiro legislado, tanto anteriormente, quanto atualmente vigente, o silêncio era e é meio apto a formar um contrato.

---

[344] SÃO PAULO. Tribunal de Apelação. 1ª Câmara Cível. Apelação Cível número 9.188. Relator: Gomes de Oliveira. Julgado em: 15 jul. 1940. RT 129: 642-644.

[345] Assim, GOMES, *Contratos...*, p. 49.

[346] GOMES, *Contratos...*, p. 49

[347] A expressão é de Gomes. (Ibid.).

[348] Ibid. p. 51.

Tanto é assim que, consoante se apreciou no âmbito do artigo 1.084 do Código Civil de 1916 e conforme se verá quanto ao artigo 111 do Código em vigor,[349] o legislador teve o cuidado, evitando esse tipo de questionamento, de não se utilizar de expressões como *vale* ou *equivale*, garantindo que o silêncio seja a declaração de aceitação.[350]

No que concerne a esse assunto, Ráo recorda que sempre houve quem considerasse o silêncio uma subespécie da declaração expressa, assim como quem o reputasse como uma subespécie da declaração tácita. O autor acredita, ao analisar as conclusões de Serpa Lopes, ser o silêncio uma categoria (ou forma) à parte de declaração negocial, visto que demonstra porque não se enquadraria nem em uma nem em outra das espécies anteriormente citadas.[351]

Quanto aos pressupostos diante dos quais o silêncio tem valor jurídico e, pois, produz efeitos, assevera o autor:

> Na realidade, o silêncio só produz efeitos jurídicos quando, devido às circunstâncias ou condições de fato que o cercam, a falta de resposta a interpelação, ato ou fatos alheios, ou seja, a abstenção, a atitude omissiva e *voluntária* de quem silencia induz a outra parte, como a qualquer pessoa normalmente induziria, à crença legítima de haver o silente revelado, desse modo, uma vontade seguramente identificada.[352]

O que é certo, portanto, é que Ráo confirma que o silêncio aceito no Direito brasileiro, já desde o anterior diploma legal de Direito Civil, é o circunstanciado.[353]

Por fim, veja-se a conclusão, igualmente anterior ao Código Civil hoje em vigor, alcançada por Serpa Lopes, quanto ao silêncio no campo do Direito contratual – mais especificamente na fase de formação do contrato. Parte esse autor da regra geral de que à proposta entre presentes deve seguir-se uma imediata aceitação e que, sendo entre ausentes, a resposta à proposta deve surgir em espaço de tempo suficiente ou no que tiver sido estabelecido. Entende ele, entretanto, que essa situação não impede que o silêncio signifique consentimento, "[...] restando pura e simplesmente investigar se um tal comportamento possui êsse valor jurídico".[354]

---

[349] Capítulo 5.

[350] Não resta dúvida que tudo isso desde que presentes as circunstâncias autorizadoras para tanto, do artigo 111 do Código Civil.

[351] RÁO, *Ato...*, p. 123.

[352] Ibid., p. 123-124.

[353] Cabe aqui, apenas reforçando-se a ressalva já feita na Introdução, que não se analisou a sistemática do silêncio no Código de Defesa do Consumidor, devido ao fato de que tal exame extrapola os objetivos ora propostos. Desse modo, ver, a respeito do assunto FRADERA, O valor... p. 580; MARQUES, *Contratos...*, passim.

[354] SERPA LOPES, *O silêncio...*, p. 108.

O citado autor conclui concordando, segundo ele afirma, com Beviláqua ao comentar o artigo 1.084 do Código Civil de 1916, que, fora daquelas circunstâncias, não se poderá *inferir* aceitação do silêncio desacompanhado de atos que a pressuponham.[355]

É dado o momento de se avaliar o artigo 111 do atual Código Civil e os elementos que circunstanciam o silêncio, permitindo que ele seja aceitação contratual e, portanto, elemento apto à formação do contrato.

---

[355] Ibid., p. 112. As demais conclusões do autor, vez que se aplicam também diante do atual artigo 111 do Código Civil, serão analisadas nos itens 5.1 e 5.2, respectivamente, quando o silêncio significar aceitação ou recusa à proposta. Ressalva-se que o item 5.2 será o único momento em que se apreciará a questão do silêncio como recusa, exclusivamente para fins de contraponto que contribuirá com seu caráter de aceitação.

5. O artigo 111 do Código Civil e as condições auxiliares

No vigente Código Civil, consoante já referido, há disciplina expressa e específica para o papel e a valoração do silêncio no ordenamento jurídico brasileiro, como forma de anuência nos negócios jurídicos. É a regra geral do artigo 111 desse diploma,[356] cuja importância exige transcrição:

> Art. 111. O silêncio importa anuência, quando as circunstâncias ou os usos o autorizarem, e não for necessária a declaração de vontade expressa.

A letra do artigo em questão deixa clara a opção do legislador brasileiro no que diz respeito à teoria do silêncio adotada, que foi a terceira aqui analisada,[357] isto é: aceita-se o valor jurídico do silêncio, desde que presentes circunstâncias que o autorizem. Com efeito, o Código Civil valida o silêncio circunstanciado (ou qualificado) como forma de anuência.

O artigo 111 situa-se na Parte Geral do Código, justamente no título que disciplina os negócios jurídicos, de modo a não restar dúvidas de sua aplicação aos contratos.[358] Assim sendo, de forma similar ao que já ocorria no âmbito da vigência do Código Civil de 1916, por força de entendimento especialmente doutrinário, o silêncio

---

[356] Além do artigo 111, que dispõe expressamente sobre o silêncio no Código Civil brasileiro, serão mencionados diversos outros artigos relacionados à matéria, como, por exemplo, os artigos 104, III, 107, 112, 113 etc. (a serem oportunamente transcritos), do mesmo diploma legal, ainda que de forma breve, tendo em vista a relação que guardam com o presente objeto de estudo.

[357] No item 3.2, mais especificamente.

[358] No que respeita ao campo de atuação do artigo em comento, todavia, apesar de ser aplicável aos contratos, é certo que a disposição legal não se restringe à fase de formação do contrato. Isto é, o silêncio será anuência, considerados os elementos qualificadores que ora se examinarão, nas diversas fases contratuais, ou seja, não só na formação do contrato, como também, por exemplo, na fase de execução ou cumprimento do contrato. Como o objeto do presente estudo cinge-se à fase de formação contratual, porém, a análise do silêncio ficará adstrita a essa seara, mas o que precisa restar claro é que tal restrição é apenas metodológica, de delimitação do tema de estudo, e não legal.

pode constituir declaração negocial de aceitação, formando o contrato, desde que presentes as circunstâncias autorizadoras.

No que concerne ao enquadramento jurídico do silêncio, constata-se que o referido artigo não indica que o silêncio *equivale à* ou *vale como*, mas que *importa* anuência.[359] Dessa forma, ao invés de se cogitar que o silêncio não possa ser considerado declaração negocial, ou que o seja apenas por equivalência, é o caso de, efetivamente, assim considerá-lo, pois, *sendo anuência, é aceitação*; e, *sendo aceitação, é declaração negocial*.

Resta averiguar, então, se o silêncio é, atualmente, considerado subespécie do gênero declaração tácita de vontade ou se é uma terceira espécie de declaração negocial.

A repercussão dessa conclusão atine à possibilidade de o silêncio poder ser considerado declaração tácita ou, em determinadas circunstâncias, eventualmente ser considerado declaração expressa, ou, ainda, se constitui categoria autônoma de declaração negocial.

Verifica-se fazer maior sentido a filiação ao entendimento de que não é subespécie de nenhuma dessas formas de declaração, nem a expressa nem a tácita, constituindo-se em uma terceira forma de declaração e, por conseguinte, de aceitação.

É também esse o sentido que se infere da posição de Pontes de Miranda, ao mencionar que "[...] as 'manifestações' mesmas podem ser expressas, ou *tácitas*, ou *pelo silêncio*. [...] É preciso que, a cada momento, se frise a diferença entre manifestar-se por *atos positivos* ou *negativos* e manifestar-se pelo *silêncio*".[360] E, mais adiante: "A *aceitação pelo silêncio* não se há de confundir com a *aceitação tácita*, que supõe atos que se tenham de interpretar como de aceitação".[361]

A diferença entre a declaração tácita e o silêncio dá-se no seguinte sentido: na declaração negocial por meio do silêncio não há atos; o negócio jurídico conclui-se, justamente, pela falta de atos, conjugada com as circunstâncias autorizadoras. Já a declaração operada por meio da forma tácita supõe a presença de atos concludentes a serem exercidos pelo declarante.

Superada essa questão, importa também salientar, como ressalta Pontes de Miranda, que a declaração negocial pelo silêncio, bem como a declaração tácita, submete-se às mesmas regras jurídicas que regulam as declarações expressas. Isso ocorrerá, por exemplo,

---

[359] O verbo *importar* é sinônimo de *redundar, resultar, ter como conseqüência*.
[360] PONTES DE MIRANDA, *Tratado...*, v. 38, p. 22-23.
[361] Ibid., p. 53.

no que concerne à própria configuração do negócio, à invalidade e ineficácia etc..[362]

Assim, valerá igualmente para o silêncio a característica receptícia da declaração de aceitação, por exemplo, e o silêncio só produzirá efeitos quando ele e as circunstâncias, vale dizer, a conjugação desses fatores que o autorizam forem levados ao conhecimento do oblato.[363]

Efetivamente, afirma a doutrina que, quando o silêncio possui valor declarativo, fica ele sujeito ao regime do negócio jurídico. Vale recordar, a título de exemplo, que o disposto no artigo 104 do Código Civil,[364] o qual trata da validade do negócio jurídico, também deverá ser observado no que diz respeito ao silêncio.

Quanto ao inciso III do referido artigo, não é demasiado lembrar que a apreciação da forma é incompatível com a aceitação pelo silêncio – salvo se, eventualmente, o silêncio for a forma exigida. Porém, vigendo a regra segundo a qual "A validade da declaração de vontade não dependerá de forma especial, senão quando a lei expressamente a exigir" (conforme texto do artigo 107 do Código Civil), tem-se que a declaração por meio do silêncio prescinde, no comum dos casos, de forma especial.

A formalidade (ou "princípio da formalidade") não é o mesmo que o *formalismo*, que é o exagero da forma, ou o seu exigir-se fora das hipóteses previstas em lei ou derivadas de uma apreciação fundada no postulado da razoabilidade. Aliás, o formalismo, levado em rigor, conduziria a impedir o acolhimento do silêncio como aceitação.[365] O formalismo exacerbado iria de encontro à própria possibilidade de valorar o silêncio como uma forma de declaração negocial.

Fixados os parâmetros gerais da apreciação do silêncio no Direito brasileiro atual, devem-se avaliar as condições auxiliares que o qualificarão, fornecidas no texto do artigo 111 do Código Civil.

---

[362] PONTES DE MIRANDA, *Tratado...*, v. 38, p. 25.

[363] Assim, por todos, PONTES DE MIRANDA, *Tratado...*, v. 38, p. 25 e, da mesma forma no Direito estrangeiro, MOTA PINTO, P. C. C., *Declaração...*, p. 704-706. Esse último autor ainda refere que: "Nos casos em que o comportamento omissivo leva à formação de *um verdadeiro negócio jurídico*, devem-se requerer *todos* os pressupostos necessários para a declaração negocial eficaz, a começar pela capacidade negocial do exercício". (Ibid., p. 708).

[364] "Art. 104. A validade do negócio jurídico requer: I – agente capaz; II – objeto lícito, possível, determinado ou determinável; III – forma prescrita ou não defesa em lei".

[365] Nesse sentido, vejam-se as conclusões levantadas por Mota Pinto, P. ao avaliar a posição doutrinária majoritária em Portugal, por exemplo. (MOTA PINTO, P. C. C., op. cit., p. 705 e nota de rodapé número 605 do autor).

5.1. Os elementos que qualificam o silêncio como aceitação

Segundo o texto expresso do artigo 111 do Código Civil, são elementos que qualificam o silêncio como aceitação: (i) as circunstâncias do caso; e (ii) os usos.[366]

Ambos os requisitos seguem uma das diretrizes que regula e permeia o atual diploma civil brasileiro, que é, justamente, a valorização das "circunstâncias do caso" como elemento hermenêutico fundamental para a compreensão das relações civis. Conquanto opere com conceitos, não podendo prescindir da abstração e da generalidade, as normas jurídicas, visando a ordenar a realidade social, não podem estar rigidamente presas a padrões estanques e pré-determinados, abstraídas da circunstancialidade que cerca as situações da vida.

Segundo Fradera, o artigo 111 da Parte Geral do Código Civil constitui uma cláusula geral pelo fato de que em seu texto "[...] o legislador recorreu a dois conceitos indeterminados, quais sejam, as 'circunstâncias' e os 'usos' [...]".[367]

A possibilidade conferida pela cláusula geral é a de o juiz proferir a decisão do caso (concreto) com a consideração dos elementos jurídicos e os elementos fáticos derivados do próprio caso (concreto), explicando Martins-Costa consistir o objeto dessa técnica legislativa situar "[...] o Código no plano da concretude, que constitui uma das dimensões da diretriz da operabilidade que norteou a sua redação". Para tal fim, continua a autora, as cláusulas gerais "[... remetem] o juiz a critérios aplicativos determináveis ou em outros espaços do sistema ou mediante variáveis tipologias sociais, dos usos e costumes objetivamente vigorantes em determinada ambiência social". Porém, alerta:

> Na concreção das cláusulas gerais cresce extraordinariamente o dever de fundamentar a decisão, devendo o juiz deixar claro não só a concreta razão de fato ensejadora da invocação ao princípio, máxima de conduta ou diretriz contidos na cláusula geral, como da conexão entre ambas, a razão de fato e a razão jurídico-valorativa. Por isso é imenso, nessa operação intelectiva, o peso dos precedentes judiciais, que

---

[366] Evidentemente, há uma série de outros aspectos a serem levados em conta, daí porque se utilizar a terminologia "elementos que expressamente", pois, como será estudado no Capítulo 6, outros elementos também influenciarão na conclusão.

[367] FRADERA, O valor... p. 578. A autora ainda refere que o artigo 111 traz nítida influência do sistema do Código Suíço de Obrigações, inclusive no que concerne ao teor propriamente dito do artigo. (Ibid.).

expressam uma espécie de "razão comum" de decidir para os casos análogos ou similares.[368]

Na espécie, mais que uma cláusula geral, o artigo 111 parece ser um texto integrado por conceitos indeterminados, uma vez que a conseqüência jurídica (eficácia de aceitação negocial) já está predisposta na norma, devendo o juiz apenas concretizar as premissas,[369] isto é, o que sejam, concretamente, as circunstâncias do caso e os usos do local da contratação, para atingir a conclusão acerca de determinado silêncio ser ou não meio declarativo de aceitação.

Fradera, ao ressaltar as similitudes do artigo do Código Civil brasileiro com o do Código Suíço de Obrigações, assevera que a inspiração para o artigo 111 daquele diploma legal advém da originalidade do artigo 6° deste último[370] e do próprio ordenamento suíço relativamente à consideração de efeitos jurídicos ao silêncio.[371] Na medida em que, de fato, esses dois artigos expressam idéias semelhantes, elucidativa é a conclusão de Ferrari a respeito da sistemática adotada em relação ao silêncio, referindo-se o autor ao artigo do Código Suíço de Obrigações,[372] quando o compara ao artigo respectivo do Código Civil português:

> The Swiss legal system is particularly interesting because of its apparently different treatment of this problem: "when one does not expect an express acceptance because of the particular nature of the transaction or the circumstances, the contract is considered to be formed if the offer is not rejected within a reasonable period of time". This principle which corresponds partly to the one found in article 234 of the Portuguese Civil Code appears quite similar to the canon law principle qui tacet consentire videtur. However, these principles cannot be equated with one another, even though it has been so argued. This is because generally an express acceptance is expected. However, the Swiss consider express acceptance to include all types of acceptance except for silence, and therefore it even encompasses acceptance by conduct. The principle exception, that of silence as acceptance, is valid only when several condi-

---

[368] MARTINS-COSTA, Judith. O novo Código Civil brasileiro: em busca da ética da situação *in* MARTINS-COSTA, Judith.; BRANCO, Gerson. *Diretrizes teóricas do novo Código Civil brasileiro.* São Paulo: Saraiva, 2002. p. 119-120.

[369] Para essas distinções, MARTINS-COSTA, Judith. *A Boa-Fé...* p. 326-328.

[370] O artigo 6° do Código Suíço de Obrigações assim dispõe: "Art. 6. Quando la natura particolare del negozio o le circonstanze non importino un'accettazione espressa, il contratto si considera conchiuso se entro un congruo termine la proposta non è respinta". Em uma tradução livre, reza o referido artigo, sobre aceitação tácita: Quando a natureza particular do negócio ou as circunstâncias não exigirem aceitação expressa, então o contrato é considerado formado, se a proposta não for recusada em período apropriado de tempo.

[371] FRADERA, O valor..., p. 578.

[372] Muito embora o Direito suíço não se encontre dentre os ordenamentos que se estão estudando como fonte de Direito comparado de forma genérica, pelos motivos já explanados ao longo do livro, neste momento sua alusão se mostra deveras significativa, dada a similitude das disposições legais acerca do silêncio no atual Direito Civil brasileiro e suíço.

tions exist: when both express acceptance is not expected and the silence lasts at least for a reasonable period of time.[373]

Examine-se, primeiramente, quanto à atual regra do silêncio no Código Civil brasileiro, a condição das circunstâncias autorizadoras, acima referidas (no que diz respeito a sistema estrangeiro – suíço, no caso).

Essas circunstâncias, conforme enfatizado por Ferrari, e a própria valoração e aceitação do silêncio, dependerão, nos termos do artigo 111, da desnecessidade de declaração expressa. Nesse particular, o referido artigo alude especificamente à natureza do contrato que estiver sendo formado e às circunstâncias que a ele dizem respeito. Não só será levado em conta o tipo de contrato que se estiver formando, mas as características do agir das partes no que diz respeito ao negócio, a relação existente entre os contratantes, seu comportamento, a natureza da transação etc..

Verifiquem-se os seguintes exemplos, os quais podem ser considerados ilustrações quanto às circunstâncias autorizadoras, especialmente por se tratarem essas de conceitos abertos: se *A* costuma contratar com *B* e o trâmite normalmente adotado entre as partes para envio de proposta e declaração de aceitação é o de que o silêncio costuma valer como aceitação, assim o continuará sendo caso nenhuma das partes declare algo em sentido contrário. No caso de um eventual litígio envolvendo a formação de um contrato – e, por isso, a aceitação de uma proposta – entre as partes *A* (proponente) e *B* (oblato), o silêncio será aceitação, justamente dadas as circunstâncias. Nesse caso, o relacionamento entre as partes antes descrito seria tido como circunstâncias do caso e usos autorizadores. Além disso, caso as partes tenham expressamente acordado que o silêncio declarará a aceitação por meio, por exemplo, de um simples *e-mail*,

---

[373] FERRARI, Franco. A comparative overview on offer and acceptance inter absentes. 10 *Boston University International Law Journal* 171. Boston: Trustees of Boston University, Fall, 1992. p. 4. Em tradução livre: O sistema legal suíço é particularmente interessante por conta do seu tratamento aparentemente diferente desse problema: 'quando alguém não espera uma aceitação expressa devido à natureza particular da transação ou às circunstâncias, o contrato é considerado formado se a oferta não for recusada dentro de um período razoável de tempo'. Esse princípio, que corresponde parcialmente ao encontrado no artigo 234 do Código Civil português, parece ser bastante similar ao princípio *qui tacet consentire videtur* do Direito canônico. Entretanto, esses princípios não podem ser igualados, muito embora isso tenha sido deveras discutido. Isso porque geralmente uma aceitação expressa é esperada. No entanto, os suíços consideram que a aceitação expressa engloba todos os tipos de aceitação, exceto por meio do silêncio e, sendo assim, a aceitação expressa abrange até mesmo a aceitação por conduta (tácita). O princípio da exceção, da aceitação pelo silêncio, somente é válido quando diversas condições se verificam: quando a aceitação expressa não é esperada e quando o silêncio perdure por um período razoável de tempo.

isso será ainda mais decisivo para regular e interpretar a relação dessas partes.

Outro aspecto importante a ser referenciado diz respeito à relação das circunstâncias com o prazo razoável a partir do qual o silêncio declarará a aceitação à proposta. Sobre o assunto, Fradera manifesta seu entendimento de que "[...] incumbirá ao juiz decidir, caso a caso, qual prazo pode ser reputado como razoável".[374] Mais adiante, conclui sua análise quanto às circunstâncias autorizadoras do artigo 111: "[...] o legislador brasileiro deve ter tido em mente a mesma idéia do legislador suíço, ao dispor sobre a matéria, deixando ao juiz a tarefa de constatar ter havido ou não aceitação pelo silêncio".[375]

A doutrina portuguesa também se ocupou do assunto da configuração das circunstâncias auxiliares que qualificarão o silêncio. Mota Pinto, P. inicia sua análise asseverando que:

> A afirmação de que para a relevância do silêncio terão de ocorrer circunstâncias particulares parece quase óbvia. Aquelas, porém, não servem para impor um dever de resposta, nem sequer simplesmente como contexto de um comportamento cujo valor negocial resulta dos critérios interpretativos. Antes indicam que se verificam no caso concreto certos *elementos qualificadores* da atitude omissiva. Em rigor, a atitude omissiva, mais do que especialmente "circunstanciada" (para como tal relevar em sede interpretativa), tem de ser qualificada, por um dos elementos pelos quais se lhe reconhece valor declarativo.[376]

Ademais, o autor português não exclui que também a convenção das partes pode qualificar o silêncio.[377]

No Direito brasileiro, ainda com relação a prazo, Serpa Lopes manifesta que, se o silêncio estiver embasado ou acompanhado de circunstâncias que possam implicar aceitação, o contrato estará formado entre presentes.[378] Entre ausentes, o autor afirma que a regra para o silêncio era a do antigo artigo 1.086 do Código Civil de 1916,[379] cuja redação é similar ao atual artigo 434 do Código Civil em vigor.[380]

Ocorre que esse último autor, apesar de introduzir a discussão sobre o momento no qual o contrato ter-se-á formado por meio do

---

[374] FRADERA, O valor..., p. 579.

[375] Ibid.

[376] MOTA PINTO, P. C. C., *Declaração*..., p. 648-649.

[377] Ibid., p. 656.

[378] SERPA LOPES, *O silêncio*..., p. 113-115.

[379] "Art. 1.086. Os contratos por correspondência epistolar, ou telegráfica, tornam-se perfeitos desde que a aceitação é expedida, exceto: I – no caso do artigo antecedente; II – se o proponente se houver comprometido a esperar resposta; III – se ela não chegar no prazo convencionado".

[380] O artigo 434 do atual Código Civil já foi transcrito, na nota de rodapé número 78.

silêncio, não oferece nenhuma conclusão satisfatória sobre o tema. O vigente artigo 434 do Código Civil, de fato, prevê que os contratos entre ausentes tornam-se perfeitos desde que a aceitação é expedida, mas se constata que a regra da expedição não poderá ser aplicada à aceitação pelo silêncio, pois pressupõe, necessariamente, *ato de expedir* e, assim sendo, não se coaduna com a inação. O dispositivo aplica-se, portanto, às aceitações pelas formas expressa e tácita, não pelo silêncio. O momento da formação do contrato diante de aceitação silenciosa, por conseguinte, deverá também ser averiguado conforme as circunstâncias do caso e os usos.

Lotufo oferece interessante conclusão acerca do silêncio em face da disposição do artigo 111 do atual Código Civil:

> O silêncio, pois, é uma forma de comunicação expressiva da vontade na conclusão dos negócios jurídicos, quando o tipo de negócio estiver submetido a um regime jurídico específico, quer pela lei, quer pelas circunstâncias ou usos, que não exija a declaração expressa.[381]

Consoante já mencionado, dado o caráter de cláusula geral ou, ao menos, de vagueza semântica – do texto legal que disciplina o "silêncio contratual", somente se poderá examinar de forma profunda o atendimento aos conceitos abertos da cláusula por meio de casos práticos. É, portanto, isso que se passa a fazer.

A jurisprudência brasileira mesmo após a entrada em vigor do artigo 111 do atual Código Civil, ainda mostra-se bastante tímida no que diz respeito à avaliação da formação contratual levando em conta o silêncio do oblato e, mais do que isso, continua tratando a declaração tácita e o silêncio praticamente como se sinônimos fossem.[382]

Das escassas decisões que fazem menção ao silêncio, encontradas no repertório eletrônico de jurisprudência do Tribunal de Justiça do Rio Grande do Sul,[383] destaca-se, inicialmente, a seguinte, que, apesar de fazer correta referência às circunstâncias que autorizam o silêncio declarativo, confunde este último com declaração tácita.

Trata-se a decisão em questão de recente julgado de recurso de apelação cível, por meio do qual a única parte recorrente pretendia ver reformada a decisão de primeiro grau exarada totalmente a seu desfavor. Essa havia afastado o direito de ressarcimento da parte

---

[381] LOTUFO, *Código Civil...*, p. 305.

[382] Assim como ocorria nos casos decididos sob a égide do Código Civil de 1916, conforme demonstrado no item 4.2.

[383] O Tribunal de Justiça do Rio Grande do Sul é o único que fornece decisões acerca do silêncio, com o enfoque aqui abordado, em seu repertório eletrônico, cujo meio foi o escolhido no âmbito desta obra, já que as decisões jurisprudenciais são trazidas apenas em caráter exemplificativo, não constituindo objeto principal de análise do livro.

recorrente por despesas supostamente havidas com construção de rede de energia elétrica, uma vez que o contrato teria sido "formado por meio de aceitação tácita e seria apenas verbal". Da interpretação da decisão, a qual concluiu que o contrato não havia se formado, infere-se que o Tribunal negou provimento ao recurso justamente por entender que, desacompanhado de circunstâncias que o qualifiquem, o silêncio não seria aceitação. Ocorre que, apesar do raciocínio ser correto, o Tribunal confunde, em suas razões de decidir, silêncio e declaração tácita. Examinem-se os principais trechos do acórdão ora estudado, que restou assim fundamentado, os quais demonstrarão, por si só, a confusão operada:

> Como se sabe, o ato jurídico (e.g. o negócio jurídico) reclama agente capaz e não impedido, objeto lícito e possível, e forma prescrita e não defesa em lei.
>
> E dentre os requisitos de formação dos contratos temos os (1) subjetivos, os (2) objetivos e, por fim, os (3) formais. [...]
>
> Por fim, a forma, que deve ser a prescrita, ou não defesa em lei.
>
> Certos negócios, certos atos jurídicos, dependem para a sua validade da forma, ou seja, deve ser observada certa forma que a lei prevê para a sua *constituição*, sendo essa *essencial* à validade da declaração de vontade (*ad solemnitatem*), ou *forma constitutiva*.
>
> De resto, a regra é que a manifestação da vontade não seja rigorosa, bastando ao negócio a manifestação de vontade bilateral, cabendo lembrar que **o** *contrato é um negócio bilateral*.
>
> E o acordo de vontades, que expressa a existência do contrato, pode se dar de forma *expressa*, ou *explícita*, por qualquer uma forma de exteriorização da vontade (escrita ou verbal), e também pode ser *tácita*, sempre que ausente alguma exigência legal.
>
> O artigo 1079 do Código Civil de 1916 assim rezava: [...]
>
> Por tácita entende-se a manifestação do contratante da qual se entenda claramente e inequivocamente manifestada a sua vontade. O silêncio pode alcançar tal efeito em certos casos [sic] (quid tacit perit consentitur). É o chamado silêncio conclusivo. [...]
>
> No caso presente, além da assertiva constante da inicial, e da afirmação de que se deu um contrato de forma tácita, nada mais veio aos autos a vincular a autora à ré.
>
> Não há prova do terceiro momento da formação do contrato, ou seja, a *aceitação*.[384]

Com efeito, a decisão reconhece que o silêncio *conclusivo* pode ser aceitação, mas que, por isso mesmo, tal silêncio deve, necessariamente, estar cercado de circunstâncias que como tal o qualifiquem.

---

[384] RIO GRANDE DO SUL. Tribunal de Justiça. 10ª Câmara Cível. Apelação Cível número 70014038764, Relator: Desembargador Paulo Antônio Kretzmann. Julgado em: 22 jun. 2006. Disponível em <http://www.tj.rs.gov.br/site_php/consulta/exibe_documento.php?ano=20 06&codigo=626053> Acesso em: 21 fev. 2007. [grifos no original].

No caso em comento, porém, não foram comprovadas tais circunstâncias, ou seja, havia apenas o silêncio puro, o qual não possui valor declarativo. Constata-se ser correta, portanto, a decisão nesse aspecto, apesar de flagrantemente confundir os conceitos – e a configuração – de declaração tácita e silenciosa, consoante se depreendeu da utilização indiscriminada de ambas as noções nos trechos supra transcritos.

Há também disponível no repertório eletrônico do *site* do Tribunal de Justiça do Rio Grande do Sul outra decisão relacionada à aceitação pelo silêncio. Trata-se de discussão acerca de contrato de seguro. No caso, o contratante do seguro havia feito proposta à seguradora, com a qual já possuía seguro de seu semi-reboque, para fins de ver segurada a carga que transportava. Os termos do pacto previam que a seguradora, após o recebimento da proposta, dispunha do prazo de 15 dias para recusá-la. A seguradora recebeu a proposta e não a recusou no prazo estipulado, sendo que o contratante do seguro (proponente) interpretou o silêncio da seguradora – como não poderia deixar de ser, dadas as circunstâncias do caso – como aceitação e saiu em viagem com seu semi-reboque. Ocorre que o contratante do seguro acidentou-se, perdendo toda a carga que transportava. Ao tentar exercer seu direito de recebimento da cobertura, a seguradora alegou que não havia aceitado o contrato, de forma que ele não estaria, portanto, formado, na medida em que a aceitação dependeria, também, de uma vistoria prévia do objeto segurado (ônus da seguradora), a qual não havia sido realizada. Assim, a ausência de vistoria – medida que somente à seguradora cabia, frise-se – teria impedido a formação do contrato de seguro. A ação já havia sido julgada procedente em primeiro grau. O Tribunal, acertadamente, manteve a decisão recorrida. Os principais fundamentos do julgado são os a seguir transcritos:

> A proposta foi firmada dia 12.2.2001, com o pagamento à vista da primeira parcela do prêmio, ressalvado à seguradora o direito de recusa em até 15 dias (f. 14), com devolução dos valores pagos, fixada a data do início de vigência dia 2.3.2001 (f. 13).
>
> O sinistro ocorreu dia 3.3.2001, já ultrapassado o prazo de 15 dias para exercício do direito pela seguradora.
>
> A negativa do pagamento da cobertura veio justificada pela ausência de vistoria prévia, dita indispensável à perfectibilização do contrato. [...]
>
> Somente se efetuada a vistoria dentro do prazo estipulado na proposta é que poderá haver recusa em face das condições do veículo. Mas, ultrapassado o prazo, a não realização da vistoria não impede o aperfeiçoamento do contrato, se não houver recusa expressa, no prazo determinado, com a devolução de valores pagos a título de prêmio do seguro.

No caso, o início da vigência foi fixado para 19 dias após a proposta, quando então já expirado o prazo de 15 dias concedido à seguradora para recusá-la. Não expressando formalmente a recusa, com devolução dos valores pagos pelo segurado, há aceitação tácita, independentemente da realização ou não de vistoria do veículo, pois esta providência é prerrogativa da seguradora, a ela incumbindo exclusivamente.[385]

Conforme se verifica nos trechos do voto, muito embora a decisão tenha sido correta, pois, de fato, houve aceitação que se operou por meio do silêncio, qualificado pelas circunstâncias do caso, o que se viu foi, com efeito, aceitação pelo silêncio e não pela forma tácita como refere o voto. A não distinção das terminologias, e a conseqüente não atribuição de valores próprios de cada caso, é constatada também na ementa desse acórdão, que faz referência ao silêncio como aceitação tácita.[386]

A segunda condição auxiliar que qualificará o silêncio constitui-se nos usos.[387]

Martins-Costa ressalta que os usos,

[...] também *chamados* "usos do tráfego jurídico", que não se confundem, para os efeitos aqui examinados, com a sua operatividade como *norma* consuetudinária, nem como fonte de produção normativa (modelos consuetudinários, na dicção realeana), mas como elementos para interpretação dos negócios jurídicos [... constituem-se em] relevantíssimo critério de concreção [...].[388]

O que importa é que, seja como for, para a apreciação do silêncio qualificado como forma de aceitação os usos são relevantes, sendo, pois, papel da doutrina melhor apreciá-los.

Inaugure-se a análise desse componente, relacionando-o à condição anteriormente examinada, a da circunstância do caso. Ludwig, na tentativa de individualizá-las, assim as compara: "Remissão ao

---

[385] RIO GRANDE DO SUL. Tribunal de Justiça. 6ª Câmara Cível. Apelação Cível número 70005197561. Relator: Desembargador Carlos Alberto Alvaro de Oliveira. Julgado em: 28 maio 2003. Disponível em <http://www.tj.rs.gov.br/site_php/consulta/exibe_documento.php?ano=2003&codigo=174178> Acesso em: 21 fev. 2007. [grifou-se].

[386] O acórdão em questão restou assim ementado: "Apelação cível. Contrato de seguro. Negativa de pagamento da cobertura sob o fundamento de ausência de vistoria do veículo. Direito de recusa. Prazo. Vigência. Data do sinistro. I – a vistoria do veículo é prerrogativa da seguradora, que dela pode prescindir, assumindo os riscos daí advindos. II – a renúncia deve ser exercida no prazo estipulado na proposta, condicionada à devolução do prêmio. *O silêncio importa aceitação tácita*. III – sinistro ocorrido após o início da vigência da apólice, fixada esta em data posterior ao término do prazo de recusa. Indenização devida. Apelação desprovida". [grifou-se].

[387] Para Fradera, no entanto, "[...] sua [dos usos] relevância jurídica é ainda pequena, porque a nossa tradição é demasiada positivista". (FRADERA, O valor..., p. 579).

[388] MARTINS-COSTA, Judith. Método da concreção e a interpretação dos contratos: primeiras notas de uma leitura suscitada pelo Código Civil *in* DELGADO, Mário Luiz; ALVES, Jones Figueiredo (Org.). *Questões controvertidas no direito das obrigações e nos contratos*. São Paulo: Método, 2005, v. 4, p. 145.

âmbito concreto dos fatos, porém, também ocorre quando o legislador se reporta às circunstâncias do caso particular, sem que tal recurso se possa confundir com a aplicação do elemento consuetudinário: neste impera o coletivo; naquelas, o singular".[389]

Individualizadas as noções, adotando-se no Brasil o posicionamento de Ludwig, passe-se, inicialmente, à análise dos usos, como condição auxiliar de valoração do silêncio, pela doutrina portuguesa.

Menezes Cordeiro assevera que o apelo ao uso levanta algumas dificuldades. Questiona o autor, em suma, se o uso, ou a prática que o constitua, deve estar juspositivado por uma lei que o determine. Resta saber, porém, se basta que a lei possibilite que determinadas apreciações sejam feitas também com base nos usos, ou se seria necessário que a lei indicasse a quais usos está se referindo, ou quais está disciplinando, quer dizer, a necessidade de a própria prática estar prevista em lei.[390]

O referido autor justifica sua dúvida por meio do disposto no artigo 3º, 1, do Código Civil português, que reza: "ARTIGO 3º (Valor jurídico dos usos) 1. Os usos que não forem contrários aos princípios da boa fé são juridicamente atendíveis quando a lei o determine". Segundo Menezes Cordeiro, o artigo quis vincular a aceitação dos usos à determinação legal que assim o fizesse, isto é, "o silêncio valerá, pois, como declaração negocial quando um uso, devidamente juspositivado por uma lei, o determine".[391]

Outro, entretanto, é o entendimento de Mota Pinto, P., para quem não é necessário que o uso, ou seja, a prática em si, esteja prevista em lei, mas apenas que a lei abra possibilidade de interpretação nesse sentido, exatamente como o fez o artigo do Código Civil português ao dispor sobre o silêncio. O autor, desse modo, não afasta a necessidade prevista na primeira parte do artigo 3º, 1, do diploma civil português, quanto à necessária adequação dos usos em questão ao princípio da boa-fé, mas entende diferentemente de Menezes Cordeiro, quanto à parte final desse mesmo artigo. Assevera Mota pinto, P. que:

> Assim, as práticas habituais de concessão de relevância ao comportamento omissivo são atendíveis apenas quando conformes com a boa-fé, devendo-se entender que a norma legal requerida naquele n.º 1 do artigo 3.º é apenas o artigo 218.º – isto é, que os usos não necessitam de ser consagrados especialmente numa norma para relevarem, no sentido de atribuir ao silêncio valor declarativo. Esta é a posição mais

---

[389] LUDWIG, *Usos e costumes...*, p. 116.

[390] MENEZES CORDEIRO, *Tratado...*, p. 546.

[391] Ibid., p. 547.

consentânea com a história e o texto do artigo 218.º, sendo de notar que, a não ser assim (isto é, se só relevassem para atribuir valor de meio declarativo ao comportamento omissivo aqueles usos recebido numa norma jurídica) a referência por esta norma aos usos se tornaria uma repetição supérflua.[392]

De fato, é de constatar-se o acerto da posição de Mota Pinto P., afastando-se da herança positivista denotada por Menezes Cordeiro.[393] Aliás, Mota Pinto P. ainda faz fundamental diferenciação entre os usos que poderão qualificar o silêncio e o Direito consuetudinário, não sendo os primeiros uma fonte de Direito, "[...] resultante da adopção de um comportamento com a convicção da sua obrigatoriedade jurídica",[394] mas apenas uma prática habitual, que, no caso, reconhece ao silêncio valor de declaração. Serão, portanto, na linha do entendimento do autor, relevados os usos gerais do comércio, assim como os usos particulares de determinada atividade econômica, ou mesmo os usos entre as partes, quando tiverem – ou não, o que fará com que a conseqüência varie – relações correntes de negócios, por exemplo.

Já na Itália, Betti realiza um interessante apanhado sobre os usos, o qual, apesar de possuir objetivo mais voltado ao processo histórico do Direito positivo, traz contribuições para o que ora se examina. Depois de descrever como os usos que possuem significado em um determinado meio vinculam os integrantes daquele meio, o autor conclui que

> [...] de simples meio de interpretação, útil para reconhecer o significado que as partes costumam atribuir a uma dada conduta, o uso contratual eleva-se, mercê de uma prática constante, a regra jurídica de um determinado grupo social: regra que exprime a *opinio necessitatis* daquele grupo.[395]

Conclui Betti demonstrando que "[...] a lei, remetendo para o uso em vigor ao tempo do negócio, ou indicando ela qual é o uso, pode atribuir às declarações contratuais o sentido e o valor que lhes confere o próprio uso".[396]

Parece ser exatamente o referido por Betti na Itália o sentido do artigo 111 do Código Civil brasileiro, ou seja, a lei, para definir como se dará a conclusão acerca de ser ou não o silêncio, no caso concreto, um meio declarativo da aceitação, remete à autorização conferida pelos usos.

---

[392] MOTA PINTO, P. C. C., *Declaração...*, p. 657-658.

[393] Quanto à Fradera, ver notas de rodapé números 345 e 348.

[394] MOTA PINTO, P. C. C., op. cit., p. 660.

[395] BETTI, *Teoria...*, p. 185-186.

[396] Ibid., p. 187.

Nessa linha é a referência de Ludwig:

Mas, como saberá o intérprete até que ponto lhe será lícito esticar, por assim dizer, o significado de um termo indeterminado no texto da norma jurídica? A nosso ver, é na consideração dos usos e costumes como modelo hermenêutico que se encontra a chave principal para aferir, caso a caso, o grau de elasticidade da norma.[397]

Isto é: os usos aos quais o artigo em comento confere importância na apreciação do silêncio são os usos aplicáveis ao caso de sua época, de seu lugar, aqueles atinentes ao tipo de contrato que se estiver formando, os relativos ao que se costuma esperar do comportamento das partes em casos semelhantes.

O Código Civil, portanto, confere valor aos usos sem a necessidade de previsão e descrição legal das práticas em si. A lei remete, na realidade, às funções hermenêuticas dos usos.

Pontes de Miranda esclarece que os usos do tráfico servem, de forma relevante, para a interpretação dos negócios jurídicos: "em caso de dúvida, é de entender-se que o sentido do que se disse na manifestação de vontade ou nas manifestações de vontade coincide com o que está assente no uso do tráfico".[398] Os usos ora completam o conteúdo mesmo do negócio jurídico, ora servem para apreciação das circunstâncias, fazendo ainda o autor referência expressa ao papel dos usos relacionados à declaração negocial, alcançando posição idêntica a de Mota Pinto, P.[399]

Constitui, assim, exemplo de situação na qual os usos autorizarão o silêncio a constituir aceitação: se determinado tipo de contrato, como o de seguro, sempre pressupõe aceitação pelo silêncio, caso a seguradora não recuse, em determinado espaço de tempo, a proposta do contratante, considera-se a proposta aceita.

Esse é, portanto, exemplo no qual o juiz poderá considerar o silêncio como aceitação, entendendo que os usos qualificaram a inação de uma das partes – no caso, do oblato.

Tanto nos casos de existência de circunstâncias que qualificam o silêncio como aceitação, quanto nas hipóteses em que os usos o fazem, o silêncio somente poderá ser valorado, entretanto, como declaração quando não houver necessidade dessa ser expressa. Nesse último caso, não se poderá concluir que esse importou aceitação.

---

[397] LUDWIG, *Usos e costumes...*, p. 129-130.

[398] PONTES DE MIRANDA, *Tratado...*, v. 38, p. 80.

[399] Conforme Ibid., p. 84. Para um estudo acerca dos usos nos demais diplomas legais brasileiros (processual, criminal etc.), ver Pontes de Miranda (Ibid., p. 80-88).

5.2. Quando o silêncio não é aceitação

O artigo 111 do Código Civil, conforme acima analisado, além de fornecer os elementos qualificadores do silêncio como anuência – o que importará, no caso do presente estudo, para a averiguação de ser ele também valorado como aceitação a uma proposta contratual –[400] também exclui a possibilidade de valoração do silêncio como tal, quando necessária a declaração expressa.

Assim, constata-se, desde logo, que a letra do artigo em exame já recusa a expectativa de poder ser o silêncio uma subespécie de declaração expressa, ainda que em casos específicos, pois, caso pudesse ser subespécie, o silêncio não restaria legalmente afastado nos casos em que se faz necessária a declaração expressa.

Na realidade, como se demonstrou, a norma que regulamenta o silêncio no Código Civil brasileiro é aberta, fornecendo, por força não só da menção aos usos, mas igualmente, da alusão às circunstâncias, uma grande gama de variáveis possíveis para a valoração do silêncio. Comparando-se, uma vez mais, o artigo 111 do Código Civil brasileiro[401] ao artigo 218° do Código Civil português,[402] nota-se que a legislação portuguesa lista como elementos qualificadores do silêncio a lei, o uso ou a convenção, enquanto a brasileira, além de não mencionar a lei e a convenção entre as partes – sem, no entanto, obviamente excluí-las – prevê as circunstâncias, além dos usos, como sendo elementos aptos a valorar o silêncio declarativo.

Verifica-se, portanto, que a ressalva constante do artigo 111, de a valoração do silêncio perfectibilizar-se somente quando não for necessária a declaração expressa, parece ser despicienda. Com efeito, seja qual for a forma de exigência dessa declaração expressa cogitada pelo artigo – legal, convencional, ou mesmo pelos usos, ou a partir da avaliação das circunstâncias que circundem o caso – a contrário senso, na análise desse determinado caso, o silêncio, é certo, não poderá ser considerado aceitação, justamente pelo fato de ser necessária a declaração expressa. Ou seja, se o artigo aduz exatamente que "o silêncio importa anuência quando as circunstâncias ou os usos o autorizarem", se for necessária a declaração expressa, automaticamente os usos e as circunstâncias não o autorizarão. Isto

---

[400] A diferenciação que se faz é importante para se relembrar a delimitação do tema do presente livro, porque o artigo 111 do Código Civil não se refere somente à aceitação a uma proposta contratual, mas também à aceitação no âmbito geral dos negócios jurídicos, isto é, pode dizer respeito a outras fases do contrato, que não só à fase de formação.

[401] Transcrito no Capítulo 5.

[402] Transcrito no item 4.1.

---

126   *Priscila David Sansone Tutikian*

é, se for necessária a declaração expressa, por disposição legal, convenção das partes ou por força dos usos e/ou das circunstâncias, o silêncio não importará anuência.

As hipóteses de necessidade de declaração expressa, por conseguinte, podem tanto advir: (i) de lei, (ii) de convenção – havida entre as partes, ou que, de alguma forma, as vincule –, (iii) dos usos, quanto (iv) das circunstâncias.

Nada obstante a conclusão da aparente desnecessidade da referência à declaração expressa no artigo 111, cumpre avaliar quando tal ressalva interferirá na valoração do silêncio. Assim, no que diz respeito à exigência de aceitação, no campo específico da formação contratual, por meio de declaração expressa, não há exemplos no Código Civil que a exijam, salvo, naturalmente, os casos que recaiam na exigência de forma especial.

A título ilustrativo, todavia, em campo externo ao contratual, pode-se citar o artigo 1.147 do Código Civil,[403] que reza: "Art. 1.147. Não havendo autorização expressa, o alienante do estabelecimento não pode fazer concorrência ao adquirente, nos cinco anos subseqüentes à transferência". Essa é uma situação que, para possibilitar o exercício do direito de fazer concorrência, para o qual a lei exige que a anuência se dê por meio de declaração expressa, não se poderia, de forma nenhuma, cogitar em valorar o silêncio como aceitação no caso de o alienante enviar comunicação ao adquirente acerca da concorrência e este silenciar.

Já a exigência de declaração expressa por meio de convenção dependerá de acordo existente entre as partes a respeito de tal necessidade. Se, porém, as partes tiverem disposto que o silêncio, após o decurso de determinado prazo, importará anuência, tal pacto será respeitado e servirá de meio de interpretação por si do caso con-

---

[403] Além do artigo transcrito, também os seguintes outros demonstram a necessidade de declaração expressa da aceitação advinda de lei: "Art. 1.487. A hipoteca pode ser constituída para garantia de dívida futura ou condicionada, desde que determinado o valor máximo do crédito a ser garantido. § 1º Nos casos deste artigo, a execução da hipoteca dependerá de prévia e expressa concordância do devedor quanto à verificação da condição, ou ao montante da dívida"; "Art. 1.805. A aceitação da herança, quando expressa, faz-se por declaração escrita; quando tácita, há de resultar tão-somente de atos próprios da qualidade de herdeiro. § 1º Não exprimem aceitação de herança os atos oficiosos, como o funeral do finado, os meramente conservatórios, ou os de administração e guarda provisória. § 2º Não importa igualmente aceitação a cessão gratuita, pura e simples, da herança, aos demais co-herdeiros"; e os adjacentes artigos relativos a negócios anuláveis: "Art. 172. O negócio anulável pode ser confirmado pelas partes, salvo direito de terceiro"; "Art. 173. O ato de confirmação deve conter a substância do negócio celebrado e a vontade expressa de mantê-lo"; "Art. 174. É escusada a confirmação expressa, quando o negócio já foi cumprido em parte pelo devedor, ciente do vício que o inquinava"; e "Art. 175. A confirmação expressa, ou a execução voluntária de negócio anulável, nos termos dos arts. 172 a 174, importa a extinção de todas as ações, ou exceções, de que contra ele dispusesse o devedor".

creto.[404] O Código Civil enfatizou tal possibilidade para alguns casos específicos, nos quais o convencionado entre as partes tem valor para apreciação do silêncio como declaração negocial.

Veja-se, no sentido de a convenção poder dispor sobre a forma de declaração da anuência, a seguinte disposição legal: "Art. 539. O doador pode fixar prazo ao donatário, para declarar se aceita ou não a liberalidade. Desde que o donatário, ciente do prazo, não faça, dentro dele, a declaração, entender-se-á que aceitou, se a doação não for sujeita a encargo". Nesse caso, a lei está indicando a conseqüência e validando a relação havida entre as partes. Por se tratar de doação, entretanto, bastará, conforme prevê a lei, que o doador fixe o prazo, desde que se trate de doação sem encargo.

Por fim, outro exemplo sobre a necessidade de declaração expressa, agora por força dos próprios usos, situa-se nas disposições gerais acerca de proposta, a contrário senso do que prevê o dispositivo. O artigo 432 prevê que o costume terá importante valor na conclusão de ser ou não exigível a aceitação expressa.[405]

Em todos os casos exemplificativamente citados, pelo fato de ser necessária a declaração expressa da aceitação, o silêncio não importará anuência, por haver uma impossibilidade lógica, seja por força de lei, de convenção ou por não estarem presentes as circunstâncias ou os usos autorizadores de sua valoração como tal.

Ainda a respeito da oposição entre declaração expressa e silêncio, importa avaliar se não se está aqui a tratar de hipótese na qual a parte possua um dever propriamente dito de falar. Nesse particular, novamente auxiliará na conclusão a posição e os estudos dedicados ao tema pela doutrina portuguesa.

Merece menção a conotação que inicialmente foi concedida à problemática pela doutrina portuguesa, qual seja, a de que eventual dever de falar pudesse ser um critério para valoração do silêncio, por força desse dever de *contradictio*. O silêncio somente seria valorado como um dos efeitos do descumprimento do dever – o da constituição de uma declaração negocial – quando houvesse uma obrigação legal de falar e o silente não o fizesse. Ocorre que é flagrante a inconsistência desse entendimento, tanto é que Mota Pinto, P. afasta

---

[404] Considerando-se que não há nenhum vício no acordo celebrado entre as partes.

[405] Nada obstante a transcrição do artigo em referência já ter ocorrido na nota de rodapé número 145, para fins de melhor operacionalização da leitura do livro, opta-se por novamente fazê-lo: "Art. 432. Se o negócio for daqueles em que não seja costume a aceitação expressa, ou o proponente a tiver dispensado, reputar-se-á concluído o contrato, não chegando a tempo a recusa".

desde o princípio a hipótese de que a possibilidade e o dever de falar sirvam como único critério para o valor declarativo do silêncio:

> Mas, se tivesse de ser uma imposição *legal* de falar, os casos em que o silêncio adquire relevância ficariam restringidos a bastante poucos – apenas àqueles em que a lei impõe uma declaração contrária a uma pessoa. O simples critério do dever legal de declarar, sem atender às circunstâncias concomitantes, mas apenas ao preenchimento de uma hipótese legal, seria quanto a nós excessivamente restritivo. Remeter-se-ia a solução do problema da relevância declarativa do silêncio simplesmente para o legislador, sem preocupação pelo estabelecimento de outros critérios. Haveria, portanto, que acrescentar aqui, pelo menos, o dever resultante de um acordo entre as partes ou dos usos.
>
> Ainda assim, não nos parece que este fosse o melhor enquadramento para estes elementos qualificadores do silêncio. É que o desrespeito de uma obrigação, mesmo que de declarar, apenas deveria levar a uma consequência *indemnizatória* – ao ressarcimento dos danos resultantes dessa violação, sendo inadequado como base para o surgimento de um vínculo negocial. Necessário para evitar consideráveis contradições valorativas seria ainda, pois, explicar porque sortilégio a violação daquele dever, ao arrepio dos princípios gerais, não conduz a uma sanção delitual, mas sim ao surgimento de uma declaração negocial.
>
> O não cumprimento de um dever ou ónus só poderia equiparar-se à aceitação no caso de existir uma específica valoração do comportamento nesse sentido, por parte da lei ou de um acordo das partes – ou seja, se, para além da imposição de um dever de responder, se estabelecesse que a falta de resposta tem um valor *positivo*, de declaração. Só que então já não é a simples omissão de cumprimento do dever de declarar que funda o valor do silêncio, e sim uma relevância positiva da omissão como conduta.[406]

Como do acima transcrito se depreende, Mota Pinto, P. defende que o dever de falar não só não é critério de valoração do silêncio, como também não pode, de forma generalizante, imputar a este dever a necessidade de declaração expressa.[407]

Por fim, há que se referir que o silêncio não será valorado como aceitação à proposta contratual na falta de consenso – ou, igualmente, diante de dissenso – das partes acerca dos pontos (da matéria) sobre a qual será celebrado o contrato.

Como já mencionado,[408] o consenso é elemento da celebração do contrato, mas, devido ao fato de ele ser necessário independentemente da forma pela qual se dá a aceitação, não diz respeito exclusivamente à peculiaridade do silêncio.[409]

---

[406] MOTA PINTO, P. C. C., *Declaração...*, p. 645-647.

[407] Ibid., p. 728-732.

[408] Ver nota de rodapé número 41.

[409] Por isso não será deliberadamente enfrentado, por não constituir objeto específico deste estudo.

6. Demais elementos de concreção do silêncio

Além das condições auxiliares fornecidas pelo artigo 111 do Código Civil, que, ao fim e ao cabo, constituem as circunstâncias qualificadoras e autorizadoras do silêncio, é inegável, que a avaliação de diversos outros elementos normativos e fáticos será necessária quando da análise completa da valoração do silêncio. Tais aspectos dizem respeito, de forma genérica, às relações de Direito Civil *stricto sensu*, especialmente às contratuais, segundo a estrutura do próprio Código Civil. Justamente por isso, seu atendimento não é característico do silêncio – muito menos do silêncio diante de uma proposta contratual –, mas de qualquer exercício de posição jurídica.[410] Apesar disso, na medida em que esses elementos também deverão ser levados em conta para a apreciação do fenômeno do silêncio, considera-se deveras importante avaliá-los, ainda que de forma exemplificativa e ainda que apenas alguns deles, dada sua grande pluralidade.

Consoante constata Martins-Costa, o Ordenamento valoriza, atualmente, a diversidade social, de modo que o Código Civil, ao invés de destinado a um "abstrato sujeito de direito", destina-se a pôr ordem em uma sociedade complexa, razão pela qual diversos elementos de concretude fazem-se necessários para a interpretação dos negócios jurídicos. Assim também para análise da situação silenciosa. Com efeito, continua a autora, a ficção da igualdade substancial dos destinatários das normas jurídicas "[...] não mais remanesce nas normas agora codificadas, polarizadas que estão pela *diretriz da concretude*, que significa a observância da 'ética da situação'".[411] Essa nova diretriz será mais bem alcançada justamente por meio dos diversos "conceitos flexíveis ou 'fórmulas ordenadoras'", como os elementos que ora se estudam: os *usos do lugar*, a *equidade*, a *boa-*

---

[410] A expressão *posição jurídica*, segundo constata Almeida Costa, é mais abrangente do que *direito subjetivo*, pois, naquela, se pode englobar meros poderes, liberdades ou faculdades, como ocorre com a faculdade de contratar, que não é exatamente um direito. (Assim, ALMEIDA COSTA, *Direito...*, p. 75).

[411] MARTINS-COSTA, *Comentários...*, p. 8.

fé, as *circunstâncias do caso*,[412] e os *fins econômicos e sociais* são alguns exemplos.[413]

Esses elementos já eram levados em conta, estudados e aplicados pela doutrina e jurisprudência nacional e estrangeira, mesmo sem que houvesse – ou sem que haja, em um ou outro caso – disposição legislativa a respeito nas normas de Direito Civil. O atual Código Civil brasileiro positivou vários deles, como o necessário respeito à boa-fé objetiva no agir das partes,[414] por exemplo, embora não tenha deixado expressa a referência a outros elementos, como a *confiança negocial*.

Quanto à confiança negocial, merece anotação inicial a perspicaz observação de Wieacker: "La exigencia de confianza no es obligación de veracidad subjetiva, sino – como en la moderna teoría de la validez de la declaración de voluntad – el no separarse del valor de significación que a la propia conducta, puede serle atribuido por la otra parte".[415]

Com efeito, são vários os elementos que também deverão ser levados em conta na interpretação de uma situação de silêncio frente a uma proposta contratual, para além daquelas condições indicadas no artigo 111.

Assim, serão apreciados os elementos que possuem grande relevância para a avaliação da valoração do silêncio. Nessa linha, primeiro verificar-se-á, de forma breve, o papel que a boa-fé desempenha no âmbito dos contratos, conferindo-se posteriormente maior ênfase à confiança negocial, já no âmbito do silêncio propriamente dito. Por fim, estudar-se-á, por critério de novidade legislativa de Direito Civil *stricto sensu*, o atendimento – que se relaciona à função social do contrato – ao fim econômico e social da posição jurídica que estiver sendo avaliada, no caso, a aceitação por meio do silêncio.

---

[412] Ver, acerca do assunto, nota de rodapé número 177.

[413] Assim, MARTINS-COSTA, op. cit. passim.

[414] Vejam-se, nesse sentido, os seguintes artigos do Código Civil, que, a respeito da boa-fé objetiva, são os que mais relacionam ao objeto de estudo da obra: "Art. 113. Os negócios jurídicos devem ser interpretados conforme a *boa-fé* e os *usos* do lugar de sua celebração"; "Art. 187. Também comete ato ilícito o titular de um direito que, ao exercê-lo, excede manifestamente os limites impostos pelo seu *fim econômico ou social*, pela *boa-fé* ou pelos *bons costumes*"; "Art. 421. A liberdade de contratar será exercida em razão e nos limites da *função social do contrato*"; e "Art. 422. Os contratantes são obrigados a guardar, assim na conclusão do contrato, como em sua execução, os princípios de *probidade* e *boa-fé*". [grifou-se]

[415] WIEACKER, Franz. *El principio general de la buena fe*. Tradução de José Luis Carro. Madrid: Cuadernos Civitas, 1982. p. 61.

6.1. Confiança negocial e boa-fé

Reale, co-autor do Anteprojeto do Código Civil e presidente de sua Comissão Elaboradora, ao comentar o artigo 113, assim aduz:

> Em todo ordenamento jurídico há artigos-chave, isto é, normas fundantes que dão sentido às demais sintetizando diretrizes válidas "para todo o sistema".
> Nessa ordem de idéias, nenhum dos artigos do novo Código Civil me parece tão rico de conseqüência como o art. 113, segundo o qual "os negócios jurídicos devem ser interpretados conforme a boa-fé e os usos do lugar de sua celebração".[416]

De fato, o artigo em questão não só dispõe acerca da imprescindível observância à boa-fé nas relações negociais, mas igualmente assevera que os usos do lugar da celebração deverão ser considerados na interpretação dos negócios. Quanto aos usos, a remissão ao artigo que disciplina o silêncio, acima examinado, parece cumprir o papel de sua análise. O elemento da boa-fé, entretanto, ainda merece mais algumas linhas.[417]

Iniciando-se, desde já, a análise umbilicalmente relacionada da boa-fé com a confiança negocial – podendo-se dizer que esta última é um vetor daquela, Martins-Costa observa que, etimologicamente, *confiança* provém de *cum fides* – com fé. Nesse sentido, boa-fé, que provém de *bona fides*, seria uma confiança "adjetivada ou qualificada como 'boa', isto é, como justa, correta ou virtuosa".[418] Ainda relacionando ambas as idéias, no que diz respeito às obrigações em geral, assevera a autora:

> Daí o sentido da boa-fé na relação obrigacional, que é o de *nortear* o *teor geral dessa colaboração intersubjetiva* e o de marcar o giro epistemológico que vai da oitocentista consideração da relação obrigacional pela sua *causa* ("o que a gera", daí surgindo as Teorias da Vontade) à consideração da relação preferencialmente pelos seus *efeitos* ("o que gera", daí surgindo a valorização exponencial hoje conferida à *legítima confiança* que despertamos, nos outros, pelos nossos atos, por nossas palavras, enfim, pela nossa conduta).[419]

---

[416] REALE, Miguel. *Estudos preliminares do código civil.* São Paulo: Revista dos Tribunais, 2003. p. 75.

[417] A boa-fé, por sua alta riqueza normativa, para dizer o mínimo, sempre poderia merecer longas linhas de análise e apreciação. Por questões de necessária delimitação do escopo deste estudo, conforme já acima adiantado a questão será aqui muito brevemente enfrentada, tendo-se optado por dar ênfase à confiança negocial do destinatário de uma proposta negocial e sua necessária proteção nos casos de silêncio.

[418] MARTINS-COSTA, *Comentários...*, p. 30.

[419] Ibid., p. 27. A autora inicia a passagem acima transcrita citando o autor português MENEZES CORDEIRO, António Manuel da Rocha e. *Direito das obrigações.* Lisboa: Associação Acadêmica da Faculdade de Direito de Lisboa, 1980. v. 1, p.143. No mesmo sentido – a respeito do enfoque na proteção dos indivíduos –, Marques esclarece que enquanto a Teoria da Vontade concentrava-se no indivíduo que erroneamente emitira sua vontade e, portanto, no momento

Quanto à operatividade da boa-fé objetiva, Martins-Costa conclui que:

> O teor geral desta cooperação intersubjetiva no Direito das Obrigações decorre de a boa-fé constituir, em sua acepção objetiva, uma *norma de conduta* que impõe aos participantes da relação obrigacional um agir pautado pela lealdade, pela consideração dos interesses da contraparte. Indica, outrossim, um *critério de interpretação* dos negócios jurídicos e uma *norma impositiva de limites* ao exercício de direitos subjetivos e poderes formativos. Em outras palavras, como emanação da confiança no domínio das obrigações, os deveres que decorrem da lealdade e da boa-fé objetiva operam defensiva e ativamente, isto é, impedindo o exercício de pretensões e criando deveres específicos.[420]

Apesar da importância do tema tanto da boa-fé quanto da confiança, relembra Branco, relativamente ao último, que tanto a doutrina quanto a jurisprudência são ainda tímidas no que toca à profunda e conclusiva análise da *confiança*, inclusive quanto à categorização dessa idéia, se princípio autônomo ou desmembramento da boa-fé.[421]

Por muito tempo se confundiu, tratando-se como sinônimos, a *confiança negocial* com a *doutrina da aparência*. Nesse sentido, esclarece Branco que embora as noções guardem semelhanças, elas não se igualam. Ao lado da Teoria da Confiança, a Teoria da Aparência consistiu em meio de valorizar a declaração face à vontade, podendo, nesse sentido, ser considerada como uma expressão ou uma emanação do princípio geral da confiança, mas com ele não se confundindo. Com efeito, a Teoria da Aparência foi pioneira em "reclamar atribuição de eficácia jurídica para situações jurídicas que em razão de uma *situação de confiança* aparentavam conferir direitos, mas que de fato não conferiam".[422] Há, portanto, similitude, mas não identidade. Além do mais, em diversas situações o fundamento da aparência não se baseia na confiança, mas na ordem pública ou na estabilidade das relações sociais.[423]

Ao demais, a identidade erroneamente imputada às duas noções prejudicou o desenvolvimento da idéia de *confiança*. Tanto é assim que Menezes Cordeiro remete-se a Stolfi ao avaliar "o preço" que os estudos clássicos tiveram para a confiança, referindo que este

---

da *criação* do contrato, a Teoria da Confiança concentra-se também em um indivíduo, ou seja, o declaratário, tendo, porém, como fim proteger os *efeitos* do contrato e assegurar a proteção aos *legítimos interesses* e a *segurança das relações*. Assim, MARQUES, *Contratos...*, p. 127.

[420] MARTINS-COSTA, *Comentários...*, p. 33.

[421] Segundo BRANCO, Gerson Luiz Carlos. Proteção das expectativas legítimas derivadas das situações de confiança: elementos formadores do princípio da confiança e seus efeitos. *Revista de Direito Privado*, São Paulo, n. 12, 2002. p. 169-170.

[422] Assim, Ibid., p. 171.

[423] Ibid..

último autor entendia que a aparência não poderia prevalecer e que a nenhum legislador seria facultado sacrificar o ser ao parecer, pois a aparência jurídica não seria um valor do ordenamento.[424]

Ocorre que a confiança não se baseia na simples e pura aparência como a parcela da doutrina contrária à Teoria da Aparência criticava.[425] A idéia de *confiança*, contudo, parece estar, finalmente, tomando o caminho de sua autonomia. Ressalvado o campo em que atua conjuntamente com a boa-fé (como regra de lealdade), a confiança encontra sua especificidade como princípio de garantia às expectativas despertadas nas ações intercomunicativas.

Para Menezes Cordeiro a idéia de confiança, tal como ela se apresenta hoje, surgiu como manifestação da boa-fé, mais especificamente como concreção do agir segundo a boa-fé. Por isso, na relação entre boa-fé e confiança, conferindo-se atenção à última, não se pretende "trocar uma fórmula vazia por outra similar":[426]

> A confiança permite um critério de decisão: um comportamento não pode ser contraditado quando ele seja de molde a suscitar a confiança das pessoas. A confiança contorna, ainda, o problema dogmático, de solução intrincada, emergente da impossibilidade jurídica de vincular, permanentemente, as pessoas aos comportamentos assumidos. Não é disso que se trata, mas tão só, de imputar aos autores respectivos as situações de confiança, que de livre vontade, tenham suscitado.[427]

Para Menezes Cordeiro, a idéia de confiança, como se pretende hoje considerá-la,[428] surgiu nas diversas manifestações da boa-fé. Estuda, assim, o autor a possibilidade de elaborar-se um princípio da confiança que integraria parte do conteúdo substancial da boa-fé: "A confiança exprime a situação em que uma pessoa adere, em termos de actividade ou de crença, a certas representações, passadas, pre-

---

[424] Na lição de MENEZES CORDEIRO, António Manuel da Rocha e. *Da boa-fé no direito civil.* Coimbra: Almedina, 2001. p. 1.237.

[425] Menezes Cordeiro refere que o período de omissão da doutrina foi grande. No início do século XX teriam havido alguns estudos (com Wellpacher, Herbert Mayer, Krückmann e P. Oertmann), os quais, ainda intimamente ligados à teoria da aparência, não demonstraram a necessária integração da confiança no sistema jurídico. No segundo pós-guerra, mais alguns esboços teriam reaparecido, mas possuíam visões demasiado parcelares (nesse sentido, Eichler, Ballerstedt e Stich). Segundo o autor, apenas a partir da transição das décadas de 60 para a de 70 do século XX é que os trabalhos doutrinários passaram a ficar mais "envolventes, que tocavam os diversos prismas em jogo", como no caso de Lenz (1968), N. Luhmann (1968, a primeira edição), V. Craushaar (1969) e Canaris (1971). (Ibid., p. 755-756).

[426] Ibid., p. 756.

[427] Ibid.

[428] Sem os problemas enfrentados pelos juristas do início do século XX e os do segundo pós-guerra, concedendo-lhe o conteúdo necessário a sua aplicação de forma mais freqüente e benéfica ao ordenamento jurídico.

sentes ou futuras, que tenha por efetivas. O princípio da confiança explicitaria o reconhecimento dessa situação e sua tutela".[429]

É possível, porém, uma distinção analítica. Nesse sentido – e ainda que os estudos específicos a respeito do tema não tenham, no Brasil, vencido a barreira do acanhamento –[430] sintetiza Martins-Costa possuírem o princípio da confiança, assim como o da boa-fé, zonas comuns de operabilidade, remanescendo, todavia, zonas de autonomia[431] em seus espaços de concretização, como referem alguns.[432] A distinção está em que a "[...] boa-fé, liga-se, primariamente, ao *dever geral de cooperação*, impondo, para tal fim, pautas de correção, lealdade, probidade e consideração aos interesses legítimos do parceiro (*civiliter agere*)"; a confiança, "[...] prende-se, primariamente, à *geração de expectativas legítimas* cuja manutenção pode constituir um dever jurídico (dever de manter a confiança suscitada) e cuja frustração pode ocasionar responsabilidade por danos (responsabilidade pela confiança)". Por essa razão pode existir

> [...] grande número de situações em que os deveres derivados da boa-fé – como os deveres de informação, esclarecimento, proteção da pessoa ou do patrimônio da contraparte, consideração aos legítimos interesses do parceiro, etc – atuam independentemente do grau de confiança ou de expectativa despertada na contraparte.[433]

Cita a autora a percepção de Carneiro da Frada, para quem

> Não interessa portanto por si [para a incidência do princípio da confiança] aquilo em que a vítima da violação da regra da boa-fé acreditou. Quando muito, pode ser de averiguar se ela *devia poder confiar* no comportamento do outro. Mas as expectativas neste sentido "razoáveis" ou "legítimas" de um sujeito não são senão *uma projeccão de exigências objectivas de comportamento impostas pela ordem jurídica*. Por outras palavras: a *tutela das expectativas mediante a regra de boa-fé é apenas reflexa. Releva somente no quadro das exigências de probidade e equilíbrio*

---

[429] MENEZES CORDEIRO, *Da boa-fé...* p. 1.234.

[430] Dentre os trabalhos nacionais mais recentes, a tratar especificamente do tema *confiança*, citam-se os seguintes artigos doutrinários (a ordem é apenas cronológica): BECKER, Verena Nygaard. A categoria jurídica dos atos existenciais. *Revista da Faculdade de Direito de Porto Alegre*, Porto Alegre, v. 7-8, p. 15-53, 1973-1974. p.; FACHIN, Luiz Edson. O aggiornamento do direito civil brasileiro e a confiança negocial *in* FACHIN, Luiz Edson. *Repensando fundamentos do direito civil brasileiro contemporâneo*. Rio de Janeiro: Renovar, 2000. p. 115-149; BRANCO, Proteção... e JACQUES, Daniela Corrêa. A proteção da confiança no direito do consumidor. *Revista de Direito do Consumidor*, São Paulo, n. 45, p. 100-128, jan./mar. 2003; e o seguinte livro: MARQUES, *Confiança...*, passim.

[431] Essa a lição de MARTINS-COSTA, Princípio..., p. 95.

[432] Por todos, MENEZES CORDEIRO, op. cit., p.753.

[433] MARTINS-COSTA, op. cit., p. 95.

de conduta que aquela veicula. São estas que conferem o fundamento da protecção concedida.[434]

Porém, tal qual o princípio da boa-fé, o princípio da confiança não se exaure numa única função, mas tanto (i) liga-se à proteção das expectativas; quanto ainda (ii) atua "[...] como justificativa ou explicação para a vinculabilidade dos negócios jurídicos".[435] Por isso afirma-se que no plano eficacial:

> [...] a expressão "princípio da confiança (legítima)" indica o *limite* ao exercício de direitos e poderes formativos (dimensão negativa) quando violadores de uma confiança legitimamente suscitada e/ou a *fonte produtora* de deveres jurídicos (dimensão positiva), tendo em vista a satisfação das legítimas expectativas criadas, no *alter*, pela própria conduta.[436]

A vinculação das partes, bem como a proteção às legítimas expectativas despertadas nas partes contratantes, não se limitam a uma fase específica do contrato, mas, ao contrário, aplicam-se à relação contratual como processo integral. Assim é que as partes estarão vinculadas não só ao negócio, mas à relação contratual toda e, em última análise, as suas condutas para com o *alter*. Em relação ao âmbito do presente estudo, refere-se que essa proteção já se encontra (ou deve encontrar-se) presente na fase de formação do contrato.

Isso vai também ao encontro do entendimento da doutrina italiana, conforme as palavras de Roppo, ao asseverar que "[...] um contrato não é um elemento da realidade física, cuja existência se possa propriamente constatar, tal como é possível constatá-la quanto aos objetos do mundo natural [...]" e, por isso mesmo, "[...] a formação de um contrato consiste num processo, isto é, numa seqüência de atos e comportamentos humanos [...]".[437]

Nesse sentido, novamente avaliando-se o Direito brasileiro, Couto e Silva[438] e Pontes de Miranda foram um pouco mais além, relacionando os comportamentos humanos acima mencionados com a necessária proteção à confiança que eles venham a despertar no *alter*. Desse modo, o último autor aduz ser necessário proteger-se a confiança legítima e punir-se as condutas abusivas:

> O que em verdade se passa é todos os homens têm de portar-se com honestidade e lealdade, conforme os usos do tráfico, pois daí resultam *relações jurídicas de con-*

---

[434] CARNEIRO DA FRADA, *Teoria...*, p. 454, [grifos no original], também citado por MARTINS-COSTA, Princípio da confiança..., p. 99.

[435] MARTINS-COSTA, Princípio..., p. 96.

[436] Ibid., p. 97.

[437] ROPPO, *O contrato...*, p. 84-85.

[438] COUTO E SILVA, *A obrigação...*, passim.

fiança, e não só *relações morais*. O contrato não se elabora a súbitas, de modo que só importe a conclusão, e a conclusão mesma supõe que cada figurante conheça o que se vai receber ou o que vai dar. Quem se dirige a outrem, ou invita outrem a oferecer, ou expõe ao público, capta a confiança indispensável aos tratos preliminares e à conclusão do contrato. Não há, porém, contrato tácito nem negócio jurídico unilateral, que esteja à base da relação jurídica de confiança.[439]

Tem-se, por conseguinte, que a valorização do comportamento no tráfego jurídico recobre de juízo ético a percepção jurídica dos pactos e sua formação, em homenagem a valores que devem ser recuperados para repensar a ordem jurídica contemporânea.

A confiança, com efeito, deve ser tanto mais protegida na fase de formação do contrato, com circunstâncias específicas ou não, quando já houve proposta, quando essa foi ou não solicitada pelo futuro oblato/aceitante e outras situações não "especiais". Na medida em que à tal fase pode relacionar-se, como visto, o silêncio negocial, quando uma das partes cala e permanece inerte, pode nesse momento produzir no outro expectativas legítimas de aceitação da proposta.

Assim, a constatação de Lotufo: "A declaração na sua objetividade gera confiança nos destinatários",[440] muito bem concluída por Amaral, ao entender que o sistema brasileiro adotou um critério em que avulta a preocupação com a confiança despertada no destinatário da declaração, com sua boa-fé, e com os usos do lugar da celebração do negócio.[441]

Como se examinou, a confiança atua de forma relacionada às condutas humanas e suas conseqüências. Caberá também à confiança desempenhar importante papel no que diz respeito ao silêncio de uma das partes na fase de formação do contrato.

Nas palavras de Becker, ao lado da autonomia privada, existe o princípio da confiança como gerador de obrigações:

> Assim, enquanto em muitas hipóteses alguém se obriga porque quis obrigar-se, manifestando expressa ou tacitamente esta vontade negocial, em outras, pode alguém obrigar-se porque se conduziu de forma tal que outrem desta conduta depreendeu uma vontade negocial e nela confiou. Na primeira hipótese vontade negocial existe, e o fundamento da vinculação é o princípio da autonomia da vontade; na segunda, vontade negocial de fato não pode existir, mas um vínculo jurídico se estabelece baseado no princípio da proteção à confiança. (Decisiva não é a vontade interior

---

[439] PONTES DE MIRANDA, *Tratado...*, v. 38, p. 321.

[440] LOTUFO, *Código Civil...*, p. 302.

[441] Nesse sentido, AMARAL, Francisco. *Direito civil*: introdução. 2. ed. Rio de Janeiro: Renovar, 1998. p. 151-157.

do agente, mas sim, de como sua conduta é valorizada pelos usos e costumes e concepções dominantes do tráfico).[442]

A conclusão da autora deve ser interpretada, todavia, levando-se em conta a possibilidade de a confiança intervir também nos casos de *inação* de uma das partes – a qual, no entender da autora seria também uma conduta, qual seja, a de permanecer inerte – capaz de gerar expectativas legítimas na outra, quando se estiver tratando da potencialidade da formação contratual.[443] Por seu turno, Martins-Costa, relaciona a confiança com as bases da doutrina de Grotius – a qual preconiza a necessidade de se tratar como verdadeiro aquilo que fora exteriorizado, mesmo contra a vontade interna do declarante –, que conclui:

> Como se vê, está aí já perspectivada a concepção que hoje se plasma na matéria, o que se logrou obter quando ultrapassada a alternativa pandectística entre as teorias da vontade e da declaração, inclusive na valoração do que hoje chamaríamos de "comportamento concludente" e na atribuição de valor de declaração negocial ao silêncio. Por esta razão as bases lançadas por Grotius ainda hoje têm importância na consideração da boa-fé como *cânone de interpretação dos negócios jurídicos*.[444]

De fato, é sob o enfoque do declaratário, mote principal, aliás, da doutrina da confiança, que se deve nortear a interpretação dos casos relacionados ao silêncio, justamente pelo enfoque das legítimas expectativas e da segurança das relações contratuais.

Na fase de formação do contrato, quando podem ser encontradas partes que pouco contato no passado mantiveram, isto é, que podem não possuir o nível de contato que usualmente advém do cumprimento de um contrato, quando de sua efetiva execução, é que a *confiança* deverá agir ainda mais intensamente, com foco nos objetivos de proteção das legítimas expectativas e da segurança das relações contratuais.

O fato é que a valoração do silêncio como declaração negocial deve ter a idéia de confiança presente: confiança no que diz respeito

---

[442] BECKER, A categoria jurídica..., p. 32.

[443] Nesse sentido, importante ter em mente a conclusão a que se chegou no presente estudo acerca da diferença entre declaração tácita e declaração pelo silêncio, a qual não se está agora negando, apenas se está interpretando de forma ampla o posicionamento da citada autora. Ver, sobre a referida diferenciação entre declaração tácita e silêncio, Item 4.2 e Capítulo 5.

[444] MARTINS-COSTA, *A boa-fé...*, p. 157. Outra menção à Grotius é feita no que diz respeito à diferença entre silêncio e declaração tácita, acima referida, Menezes Cordeiro: "Pode, por via disto, ser atribuído valor de declaração a uma mera acção (hoje designada por concludente), ou mesmo a uma não acção, ou seja, ao silêncio, desde que este tenha lugar por livre vontade, no pleno conhecimento da sua valorização pela contra-parte, e seja objectivamente caracterizante, tal como nota Grócio na sua análise fenomenológica e ético-jurídica, que ainda hoje é útil para a resolução de problemas práticos de interpretação". (MENEZES CORDEIRO, *Da boa-fé...*, p. 331).

às expectativas legítimas que uma parte tenha criado na outra e para as quais o silêncio no momento da aceitação da proposta tenha contribuído ou das quais seja justamente ele o causador.

A parte será, nesse caso, responsável pela expectativa que tenha provocado na outra, devendo, se concluído que aquele determinado silêncio tenha gerado expectativas, manter aquilo em que tenha feito o outro confiar.

Serpa Lopes já se referira à importância da Teoria da Confiança ou do *affidamento* para a avaliação dos casos de silêncio, mencionando ser ela a que mais aplicável seria à questão do silêncio e aquela na qual o silêncio encontraria mais perfeito acolhimento. Entende o autor:

> É essa teoria que explica e dá fundamento jurídico à questão do silêncio, segundo PACCHIONI e com o qual estamos de acôrdo pois que a atitude de alguém que se cala pode inspirar no terceiro a crença ou o *"affidamento"* de uma vontade, o que pode contribuir a dar a êsse silêncio um valor. [...] É a situação imaginada por Ugo Ferrari. Tenhamos claramente diante de nós, figura êle, não uma só, mas duas pessoas que agem em duas posições jurídicas diversas e contrastantes. Em face de uma que age e fala e que aguarda uma resposta, a outra que silencia não pode pretender manifestar o próprio pensamento, sem aquêle mínimo de expressão constitutivo da manifestação tácita da vontade, senão recorrendo à teoria do *affidamento* (crença).[445]

O silêncio, desse modo, será considerado declaração negocial válida, desimportando a vontade da parte especificamente com relação ao ato de silenciar – se era ou não a de manifestar a vontade de aceitação da proposta contratual – também se, diante das circunstâncias do caso, este ato de silenciar tenha despertado no co-contratante uma legítima expectativa de constituir-se a declaração, de aceitação, no caso. Os usos e as circunstâncias poderão referir-se também à proteção da confiança negocial que é costume despender no caso concreto. Se, dessa forma, o silêncio tiver gerado a expectativa de aceitação, será interpretado como tal em face da *confiança legítima* do declaratário – partindo-se do pressuposto que foi legítima.

Elucidativa, ainda, a análise de Menezes Cordeiro quanto ao fundamento da proteção da confiança:

> A opção de preterir a confiança de uma pessoa a favor da de uma outra, numa escolha que ao legislador, em princípio, compete, equivale, no fundo, a premiar a circulação dos bens, em detrimento da sua conservação estática. O fenômeno é claro na tutela de terceiros em actos jurídicos ou de protecção de certas conjunturas possessórias ou tabulares. [...] A consagração dos dispositivos gerais, implícitos no dever de actuar de boa fé e no exercício inadmissível de posições jurídicas, capazes, nalgumas das suas facetas mais significativas, proteger a confiança, demonstram,

---

[445] SERPA LOPES, *O silêncio...*, p. 150 e p. 152.

nesta, um vector genérico. Mas dão, também, o tom da generalização possível: a confiança, fora das normas particulares a tanto dirigidas, é protegida quando, da sua preterição, resulte atentado ao dever de actuar de boa fé ou se concretize um «abuso de direito».[446]

Por fim, na mesma linha, traz-se o entendimento de Marques a respeito da "alteração" do momento da proteção que a nova concepção social do contrato visa a resguardar:

> Não mais se tutela exclusivamente o momento da criação do contrato, a vontade, o consenso, mas, ao contrário, a proteção das normas jurídicas vai concentrar-se nos *efeitos* do contrato na sociedade, por exemplo, no momento de sua execução procurando assim harmonizar os vários interesses e valores envolvidos e assegurar a justiça contratual.[447]

Ainda que diante da proteção dos *efeitos*, frise-se, se pode tratar da proteção da confiança na fase de formação do contrato, como o faz a presente obra. Isso porque tais decorrências podem dizer respeito justamente aos efeitos que uma determinada conduta causa e ao que ela pode provocar na outra parte e mesmo na sociedade, sem a formação de determinado contrato, por exemplo.

6.2. Fim econômico e social

Assim como a confiança e a boa-fé interferirão na apreciação da valoração do silêncio como aceitação de uma proposta contratual, outra *fórmula ordenadora*[448] a ser levada em conta é o fim econômico e social[449] da posição jurídica que se estiver a analisar.

Inicialmente, quanto ao caráter específico desse conceito e sua abrangência, merece menção a observação de Menezes Cordeiro – ao analisar o fim econômico e social como limite ao exercício de posição jurídica:[450]

---

[446] MENEZES CORDEIRO, *Da boa-fé...*, p. 1.247-1.248.

[447] MARQUES, *Contratos...*, p. 127.

[448] A expressão é de Martins-Costa (MARTINS-COSTA, *Comentários...*, p. 8).

[449] De acordo com Ferreira da Silva, constituem os "[...] três princípios basilares que estruturam a teoria geral dos contratos no Novo Código [...] os princípios da liberdade contratual, da função social do contrato e da boa-fé". (Assim, FERREIRA DA SILVA, Luis Renato. A função social do contrato no novo Código Civil e sua conexão com a solidariedade social *in* SARLET, Ingo Wolfgang (Org.) *O novo Código Civil e a Constituição*. Porto Alegre: Livraria do Advogado, 2003. p. 129).

[450] Menezes Cordeiro está examinando o artigo 334 do Código Civil português, que dispõe, de forma muito semelhante ao artigo 187 do Código Civil brasileiro (transcrito na nota de rodapé número 414): "ARTIGO 334º (Abuso do direito) É ilegítimo o exercício de um direito, quando o titular exceda manifestamente os limites impostos pela boa fé, pelos bons costumes ou pelo fim social ou económico desse direito".

> Do enunciado, por dedução, retira-se que a boa-fé e os bons costumes impõem, ou podem impor, limites ao exercício dos direitos e que estes têm, ou podem ter, um fim social e económico o qual, por seu turno, limita também, ou pode limitar, o seu exercício. Este último limite é específico – cada direito tem, ou pode ter o seu fim social e económico; os dois primeiros são gerais: a boa-fé e os bons costumes não emergem, na fórmula legal, de cada direito em si.[451]

Da mesma forma ocorre no Direito brasileiro: a averiguação acerca do atendimento ao fim econômico e social no exercício de um direito dependerá justamente do direito que se estiver analisando.

No caso do silêncio como declaração negocial de aceitação de uma proposta contratual, a apreciação dependerá do tipo de contrato em causa. Em suma, diante da necessária conjugação do silêncio com as circunstâncias que o autorizam, dever-se-á analisar se a conclusão quanto à valoração positiva fará com que o fim econômico e social do contrato que se esteja formando seja alcançado.

Essa idéia de atendimento ao fim econômico e social traduz uma das diretrizes do atual Código Civil, qual seja, a *diretriz da socialidade*.[452]

O atual Código Civil surge com o intuito de socialização, de forma que os direitos e as obrigações sejam exercidos funcionalmente, sem desviarem-se dos fins econômicos, éticos e sociais que o ordenamento jurídico tem em conta. Nesse sentido é que se destacam inovações também no terreno da teoria contratual: o contrato não pode ser reduzido a um instrumento de interesses puramente egoísticos; ao contrário, seu conteúdo deve refletir também – para além do proveito às partes – fins de Justiça e utilidade, superando o individualismo nefasto.[453]

Nesse diapasão, afirma-se estar em vigor uma nova teoria contratual,[454] em que a autonomia das partes é limitada pelo princípio da socialidade, tal como expresso nos artigos 187 – já referido[455] – e 421 do Código Civil.[456] A necessária relação entre esses dois artigos

---

[451] MENEZES CORDEIRO, *Da boa-fé...*, p. 661.

[452] Já que o Código Civil de 1916 fora elaborado sob a influência das concepções individualistas, predominantes nos fins do século XIX, em que grassavam as regras garantidoras do direito de propriedade e da plena liberdade de contratar.

[453] A idéia que se transmitiu pode ser apreendida em FERREIRA DA SILVA, A função social..., passim.

[454] Ver, nesse sentido a nota de rodapé número 447.

[455] Ver nota de rodapé número 414. Importa ressaltar que as conseqüências jurídicas impostas pelo artigo 187 do Código Civil, em que pese o brilhantismo que envolve sua análise e seus efeitos, não é objeto desta obra, limitando o presente Ponto a examinar, de forma genérica, a constituição do *fim econômico e social* da posição jurídica que estiver em questão.

[456] Dispõe o artigo mencionado: "Art. 421. A liberdade de contratar será exercida em razão e nos limites da função social do contrato".

é clara para o entendimento do alcance do *fim econômico e social* da posição jurídica que se estiver a analisar.

Martins-Costa relaciona não só o artigo do Código Civil que disciplina a função social do contrato com os demais princípios de Direito dos contratos, como a boa-fé e a probidade, como também com o substrato econômico do contrato, instrumento por excelência de circulação de riquezas. Aduz a autora que, seguindo-se a linha de que o contrato constitui a veste jurídica das operações econômicas e a expressão privilegiada da autonomia privada, o artigo 421 afirma que o contrato hoje não mais deve ser perspectivado apenas como sendo "[...] a expressão, no campo negocial, daquela autonomia ou poder, mas como o instrumento que, principalmente nas economias de mercado, mas não apenas nelas, instrumentaliza a circulação da riqueza da sociedade".[457]

Ilustrativas são as constatações da doutrina portuguesa acerca da relação necessária, por conta do fim relacionado de cada uma das acepções, entre os instrumentos jurídicos e a sua base econômica. Vejam-se as palavras de Almeida Costa a respeito:

> Tanto a ciência econômica como a ciência jurídica têm por objeto comportamentos humanos e relações sociais: a economia, preocupando-se directamente com os fenómenos económicos em si mesmo, aponta para a solução que conduza ao máximo de utilidade; a ciência jurídica, comtemplando esses fenómenos económicos através dos direitos e obrigações que o seu desenvolvimento implica, procura a solução mais justa. De um equilibrado entrelace de ambas as perspectivas é que há-de resultar em cada caso a disciplina conveniente aos interesses individuais e colectivos. As duas técnicas apontadas nunca devem, portanto, desconhecer-se.
>
> Não podem os juristas ignorar a utilidade económica dos bens ou serviços, porque é em função desta que sobre eles constituem direitos e obrigações. Não podem igualmente os economistas, sem prejuízo da validade das suas investigações e conclusões, ignorar os aspectos jurídicos relativos aos bens ou serviços de que estudam vertentes específicas.[458]

É justamente, portanto, por conta da inter-relação entre fim econômico e social do contrato que ambos esses aspectos – o econômico e o social – devem ser levados em conta quando da apreciação de uma situação concreta.

No que diz respeito ao silêncio, deverá ser observado se a posição jurídica do silente estará sendo exercida tendo em conta esses dois aspectos, isto é: a análise volta-se não ao ato de silenciar, propriamente dito, mas às conseqüências que ele tenha gerado e ao ambiente – caracterizado pelo fim econômico ou social do contrato

---

[457] MARTINS-COSTA, O novo Código Civil..., p. 159.
[458] ALMEIDA COSTA, *Direito...*, p. 121.

– que o acolha ou, diversamente, o rejeite. Se o silente, de fato, sustenta que o contrato se formou, pois seu silêncio fora valorado como declaração de aceitação, é preciso examinar se os fins econômico e social do contrato que se estava a formar foram atendidos. Se, porém, muito embora o silêncio do oblato e os elementos que o qualificam estivessem presentes, o silente alega, posteriormente, que o contrato não se formou, poderá estar praticando ato ilícito, por contrariar o fim econômico e social do negócio – excedendo manifestamente seus limites, podendo responder por isso se, por exemplo, do exercício disfuncional do direito tiver resultado dano.[459]

O Código Civil brasileiro, portanto, ao dispor sobre a indispensável atenção a ser conferida tanto ao aspecto econômico quanto ao social das posições jurídicas, mostrou-se atento a dois dos mais importantes aspectos da vida em sociedade: o valor econômico e o valor social; a conjugação daquele com este. Logo, não se trata de imputar ao contrato, ou à relação contratual e ao agir das partes nesse campo, uma função exclusivamente social, pois isso o afastaria de seu escopo de circulação de riquezas e benefícios econômicos. Para alguns autores, aliás, como é o caso de Ferreira da Silva, a função social do contrato seria justamente a circulação de riquezas.[460]

Para Tepedino, à luz da Constituição, a função social torna-se razão determinante e elementos limitador da liberdade de contratar, tendo-se presente a dicção do art. 421 do Código Civil,[461] na medida em que ela só se justifica na persecução dos fundamentos e objetivos da República.[462] Continua o autor, conceituando a função social do contrato:

> Extrai-se daí a definição da função social do contrato, entendida como o dever imposto aos contratantes de atender – ao lado dos próprios interesses individuais perseguidos pelo regulamento contratual – a interesses extracontratuais socialmente relevantes, dignos de tutela Associa-se então à função social do contrato à boa-fé

---

[459] Na medida em que tiver cometido ato ilícito, responderá conforme previsão legal que regula as conseqüências da ilicitude civil, no regime do artigo 187 do Código Civil.

[460] FERREIRA DA SILVA, A função social..., p. 136-137. O autor assim manifesta-se, ao avaliar a mudança de paradigma da Teoria contratual positivada pelo atual Código Civil: "quero dizer que se passou a considerar que o contrato atende ao interesse dos contratantes, mas extrapola a esses interesses na medida em que atinge toda a cadeia econômica em que se insere. [...] Nestes termos, é viável afirmar que são os contratos que mantêm a agilidade das relações econômicas em uma sociedade de mercado, uma "sociedade de direito privado", na qual o direito privado assume um "papel constitutivo", e que deve conjugar tanto um aspecto utilitarista (de maximização das oportunidades econômicas) quanto um aspecto ético (de comportamento médio de oportunidades e vantagens recíprocas). [...] Por isso, pode-se dizer que o contrato cumprirá a sua função social na medida em que permita a manutenção das trocas econômicas. Como instrumento de circulação de riquezas, ele estará atendendo às razões de seu reconhecimento jurídico na medida em que estiver mantendo esta circulação". (Ibid.).

[461] O teor do artigo 421 foi transcrito na nota de rodapé número 456.

[462] TEPEDINO, Gustavo.

O SILÊNCIO NA FORMAÇÃO DOS CONTRATOS

objetiva que, seja como princípio interpretativo (art. 113, CC), seja como princípio fundamental do regime contratual (art. 422, CC), significa o dever de interpretar o negócio de modo a preservar o conteúdo econômico e social perseguido pelas partes, daí decorrendo os deveres anexos e recíprocos de lealdade, informação e transparência, nas fases pré-negocial, negocial e pós-negocial. A boa-fé objetiva, pois, justifica-se imediatamente na confiança desperta pela declaração, encontrando sua fundamentação mediata na função social da liberdade negocial, que rompe com a lógica individualista e voluntarista de teoria contratual oitocentista, instrumentalizando a atividade econômica privada aos princípios constitucionais que servem de fundamentos e objetivos da República.

Assim é que deve haver necessária e lógica ligação entre a função social do contrato (estatuída no artigo 421 do Código Civil), o requisito de licitude no exercício da posição jurídica constituído no atendimento ao fim econômico e social dessa última (conforme prevê o artigo 187 do Código Civil) e o ato de silenciar da parte que recebe uma proposta de contrato.

Síntese conclusiva

No decorrer da obra, alcançaram-se, paulatinamente, conclusões que devem agora ser sistematizadas e sintetizadas, como segue:

1. É indevido falar-se em "proposta silenciosa", vale dizer, proposta declarada por meio do silêncio; as únicas formas pelas quais a proposta pode perfectibilizar-se são: expressa ou tácita. A razão está nos próprios requisitos essenciais para a configuração da proposta, os quais, para estarem presentes, demandam forma de declaração que não pelo silêncio, pois pressupõem, pelo menos, atos concludentes praticados por parte do proponente.

2. A aceitação pelo silêncio não se confunde nem se subsume na aceitação tácita. As formas expressas das declarações negociais essenciais à fase de formação do contrato são as que se destinam, inequivocamente e de modo direto, a declarar a vontade – ato de autonomia negocial; já as declarações tácitas pressupõem atos que levam a entender a vontade de vinculação negocial, sendo apuradas segundo o senso comum, o que ordinariamente se entende, ou o que se esperaria daquele que estivesse no lugar do destinatário da declaração, podendo-se assim apreender, com razoável objetividade, que o ato destinou-se àquela declaração.

3. Os comportamentos concludentes são os elementos objetivos da aceitação tácita, ou seja, não haverá aceitação tácita, senão por meio de um comportamento desse tipo. Assim é que não se considera o comportamento concludente como sendo forma autônoma de declaração, e muito menos subespécie da forma tácita de declaração.

4. A configuração como tal de uma declaração tácita não supõe o requisito da inequivocidade, apenas o da alta probabilidade, no caso dos negócios jurídicos.

5. O silêncio configura meio autônomo de declaração negocial.

6. Nem todo o silêncio configura declaração negocial.

7. Para que o silêncio seja valorado como declaração negocial, não se exige inequivocidade, mas uma alta probabilidade.

8. Dentre as teorias existentes acerca do silêncio com valor declarativo, o Código Civil de 2002 adotou a Teoria do Silêncio Circunstanciado, a menos ortodoxa delas. Diante dos termos do artigo 111 do Código Civil, e da dúvida sobre se o silêncio poderia configurar-se declaração de aceitação a uma proposta, concluiu-se por uma resposta positiva, desde que presentes os requisitos autorizatórios do referido dispositivo legal.

9. O artigo 111 do diploma civil contém requisitos para a valorização jurídica do silêncio no negócio jurídico, quais sejam, as circunstâncias do caso e os usos.

10. Esses dois requisitos acima referidos conduzem a uma ampla gama de possibilidades para a valorização do silêncio como declaração negocial, importando, todavia, cuidadosa análise dos elementos fáticos do caso concreto e de sua especial ambiência, bem como a sua correlação com os princípios hermenêuticos dos negócios jurídicos, de modo a se poder afirmar que o silêncio que importa declaração é o silêncio qualificado.

11. O exame, isolado, dos elementos de qualificação do silêncio previstos no art. 111 não é, de per si, suficiente para a configuração da eficácia de declaração de aceitação. Ainda que, conforme as circunstâncias do caso e os usos, o silêncio possa importar anuência, deverá ser ponderado o respeito aos demais princípios que ensejam o travejamento axiológico-sistemático dos negócios jurídicos, para que então se conclua quanto a sua valoração declarativa de aceitação.

12. Sob esse enfoque, destacou-se a importância de ser assegurado o respeito no tráfego jurídico ao princípio da confiança negocial e do fim econômico e social do contrato também – e principalmente – quando da atribuição, ao silêncio, de valor declarativo.

Referências bibliográficas

ALMEIDA COSTA, Mário Júlio de. *Direito das obrigações*. 9. ed. rev. e aum. Reimpressão. Coimbra: Almedina, 2004.

AMARAL, Francisco. *Direito civil*: introdução. 2. ed. Rio de Janeiro: Renovar, 1998.

ANDRADE, Wendell Santiago. O papel jurídico do silêncio no novo direito civil (por uma teoria do silêncio vontade). *Revista Jurídica*, n. 316, 2004. p. 70-81.

BAPTISTA DE MELLO, José. O silêncio no direito. *Revista dos Tribunais*, n. 751, v. 87, maio de 1998. p. 731-743 – Reedição do artigo publicado na RT n. 105, janeiro de 1937. p. 3-20.

BECKER, Verena Nygaard. A categoria jurídica dos atos existenciais. *Revista da Faculdade de Direito de Porto Alegre*, ano 7/8 (1973-1974). p. 15-53.

BETTI, Emílio. *Teoria geral do negócio jurídico*. Tomo I. Tradução de Fernando de Miranda da 2ª edição italiana. Coimbra: Coimbra Editora, 1969.

BESSONE, Darcy. *Do contrato*: teoria geral. São Paulo: Saraiva, 1997.

BEVILÁQUA, Clóvis. *Código Civil Comentado*. V.4. 10. ed. Rio de Janeiro: Francisco Alves, 1955.

BONFANTE, Pietro. *Scritti giuridici varii*. 1. ed. Torino: Torinese, 1926.

————. Il Silenzio nella conclusione dei contratti. *Rivista di Diritto Commerciale*. Volume IV, parte seconda, 1906. p. 222-230.

BOBBIO, Norberto. *El positivismo jurídico*. Tradución de Rafael de Asís y Andréa Greppi. Madrid: Debate, 1998.

BRANCO, Gerson Luiz Carlos. Proteção das expectativas legítimas derivadas das situações de confiança: elementos formadores do princípio da confiança e seus efeitos. *Revista de Direito Privado*, n. 12, 2002, São Paulo: Revista dos Tribunais. p. 170-225.

CARNEIRO DA FRADA, Manuel António de Castro Portugal. *Teoria da confiança e responsabilidade civil*. Coimbra: Almedina, 2004.

COUTO E SILVA, Clóvis V. do. *A obrigação como processo*. Rio de Janeiro: Editora FGV, 2006.

DUEÑAS, Ricardo J. *Valor jurídico del silencio*. Tesis presentada en el Acto público de su Doctoramiento. Universidad de El Salvador – Facultad de Jurisprudencia y Ciencias Sociales. Julio, 1943.

FACHIN, Luiz Edson. O "aggiornamento" do direito civil brasileiro e a confiança negocial *in* FACHIN, Luiz Edson. *Repensando fundamentos do direito civil brasileiro contemporâneo*. 2ª Tiragem. Rio de Janeiro: Renovar, 2000. p. 115-149.

FERRARI, Franco. A comparative overview on offer and acceptance inter absentes. 10 *Boston University International Law Journal* 171. Boston: Trustees of Boston University, Fall, 1992. 27p.

FERREIRA DA SILVA, Luis Renato. A função social do contrato no novo Código Civil e sua conexão com a solidariedade social *in* SARLET, Ingo Wolfgang (Org.) *O novo Código Civil e a Constituição*. Porto Alegre: Livraria do Advogado, 2003. p. 127-150.

FERREIRA DE ALMEIDA, Carlos. *Contratos I* – Conceito. Fontes. Formação. 3.ed. Coimbra: Almedina, 2005.

———. *Texto e enunciado na teoria do negócio jurídico*. Vol. I e II. Coimbra: Almedina, 1992.

FLUME, Werner. *El negocio jurídico*: parte general del Derecho civil. T. segundo. Cuarta edición, no modificada. Traducción de José Maria Miquel González y Esther Gómez Calle. Madrid: Fundación Cultural del Notariado, 1998.

FRADERA, Véra Jacob de. O valor do silêncio no novo código civil *in* ALVIM, Arruda; CÉSAR, Joaquim P. de Cerqueira; ROSAS, Roberto (Org.) *Aspectos controvertidos do novo código civil*. São Paulo: Revista dos Tribunais, 2003. p. 569-582.

GABBA, C. F. *Nuove questioni de Diritto Civile*. 2. ed. Milano: Fratelli Bocca, 1912-14.

GADAMER, Hans-Georg. *Verdade e método II*: complementos e índice. Tradução de Enio Paulo Giachini. Petrópolis: Vozes, 2002.

GILISSEN, John. *Introdução histórica ao direito*. 2. ed. Lisboa: Fundação Calouste Gulbenkian, 1995.

GOMES, Orlando. *Contratos*. Atualização e notas de Humberto Theodoro Júnior. 25. ed. Rio de Janeiro: Forense, 2002.

———. *Transformações gerais do direito das obrigações*. São Paulo: Revista dos Tribunais, 1967.

HESPANHA, António Manuel. *Panorama histórico da cultura jurídica européia*. 2. ed. Mira-Sintra, Portugal: Publicações Europa-América, 1998.

HOUAISS, Antônio e VILLAR, Mauro de Salles. *Dicionário Houaiss da Língua Portuguesa* – Antônio Houaiss e Mauro de Salles Villar, elaborado no Instituto Antônio Houaiss de Lexicografia e Banco de Dados da Língua Portuguesa S/C Ltda. 1ª reimpressão com alterações. Rio de Janeiro: Objetiva, 2004.

———. e FRANCO, Francisco Manoel de Mello. *Dicionário Houaiss de sinônimos e antônimos*, elaborado no Instituto Antônio Houaiss de Lexicografia. Rio de Janeiro: Objetiva, 2003.

JACQUES, Daniela Corrêa. A proteção da confiança no direito do consumidor. *Revista de Direito do Consumidor*, n. 45, jan./mar. 2003. p. 100-128.

JUNQUEIRA DE AZEVEDO, Antônio. *Negócio jurídico*: existência, validade e eficácia. 4. ed. atual. De acordo com o novo Código Civil. São Paulo: Saraiva, 2002.

KÖHLER, Helmut. *BGB*: Allgemeiner Teil, 27. München: Verlag C. H. Beck, 2003.

LARENZ, Karl. *Metodologia da ciência do direito*. 3. ed. Tradução de José Lamego. Lisboa: Calouste Gulbenkian, 1997.

———. *Derecho civil*: parte general. Traducción y notas. de Miguel Izquierdo y Macías – Picavea. Madrid: EDERSA, 1978.

LOTUFO, Renan. *Código Civil comentado*: parte geral (arts. 1º a 232). 1. vol. 2. ed. atual. São Paulo: Saraiva, 2004.

LUDWIG, Marcos de Campos. *Usos e costumes no processo obrigacional*: fundamentos e aplicação em face do novo código civil. São Paulo: Revista dos Tribunais, 2005.

MANUEL DE ANDRADE, A. Domingues. *Teoria da relação jurídica*. 1. vol., Coimbra, 1964 (reimpressão) e 2. vol., Coimbra, 1960.

MARQUES, Cláudia Lima. *Confiança no comércio eletrônico e a proteção do consumidor* (um estudo dos negócios jurídicos de consumo no comércio eletrônico). São Paulo: Revista dos Tribunais, 2004.

———. *Contratos no Código de Defesa do Consumidor*: o novo regime das relações contratuais. 5. ed. rev. atual. e amp. São Paulo, Revista dos Tribunais, 2006.

MARTINS-COSTA, Judith. *Um aspecto da obrigação de indenizar*: notas para uma sistematização dos deveres pré-negociais de proteção no Direito Civil brasileiro. No prelo.

———. Princípio da confiança legítima e princípio da boa-fé objetiva: Termo de Compromisso de Cessação (TCC), ajustado com o CADE. Critérios da INTERPRETAÇÃO CONTRATUAL. Os "sistemas de referência extracontratuais" ("circunstâncias do caso") e sua função no quadro semântico da conduta devida. Duplo significado da expressão "exclusividade de exposição de produtos" e sua concreção com base no princípio da unidade ou coerência hermenêutica e usos do tráfego. Adimplemento Contratual. *Revista dos Tribunais*, ano 95, vol. 852, out. 2006. p. 87-126.

————. Método da concreção e a interpretação dos contratos: primeiras notas de uma leitura suscitada pelo Código Civil *in* DELGADO, Mário Luiz; ALVES, Jones Figueiredo (Org.). *Questões controvertidas no direito das obrigações e nos contratos*. São Paulo: Método, 2005, v. 4, p. 127-155.

————. *Comentários ao novo Código Civil*: do direito das obrigações, do adimplemento e da extinção das obrigações. Vol. V, t. I. Rio de Janeiro: Forense, 2003.

————. O novo Código Civil brasileiro: em busca da "ética da situação" *in* MARTINS-COSTA, Judith. e BRANCO, Gerson. *Diretrizes teóricas do novo Código Civil brasileiro*. São Paulo: Saraiva, 2002. p. 87-168.

————. *A boa-fé no direito privado*. 1. ed. 2. Tiragem. São Paulo: Revista dos Tribunais, 2000.

MENEZES CORDEIRO, António Manuel da Rocha e. *Tratado de Direito Civil Português* – I – Parte Geral. T. I. 3. ed. Coimbra: Almedina, 2005.

————. *Da boa-fé no direito civil*. Coimbra: Almedina, 2001.

————. *Direito das obrigações*. Vol. 1. Lisboa: Associação Acadêmica da Faculdade de Direito de Lisboa, 1980.

MESSINEO, Francesco. *Doctrina general del contrato*. t. I. Traducción de R. O. Fontanarrosa, S. Sentis Melendo y M. Volterra. Notas de derecho argentino por Vittorio Neppi. Buenos Aires: Europa-América, 1986.

MOREIRA ALVES, José Carlos. A parte geral do projeto do código civil. *Revista do Conselho da Justiça Federal*, vol. 9, Brasília, 1999. Disponível no endereço eletrônico www.cjf.gov. br/revista/numero9/artigo1.htm. p. 1-12. Acesso em 03/07/2003.

————. *A parte geral do projeto de código civil brasileiro com análise do texto aprovado pela Câmara dos Deputados*. São Paulo: Saraiva, 1986.

MOTA PINTO, Carlos Alberto da. *Teoria Geral do Direito Civil*. 2. ed. Coimbra: Almedina, 1983.

MOTA PINTO, Paulo Cardoso Correia da. *Declaração tácita e comportamento concludente no negócio jurídico*. Coimbra: Livraria Almedina, 1995.

NERY JÚNIOR, Nelson. *Vícios do ato jurídico e reserva mental*. São Paulo: Revista dos Tribunais, 1983.

PACCHIONI, Giovanni. Il Silenzio nella conclusione dei contratti. *Rivista di Diritto Commerciale*, 1906. p. 23 e ss.

PASQUALOTTO, Adalberto. *Os efeitos da publicidade no Código de Defesa do Consumidor*. São Paulo: Revista dos Tribunais, 1997.

PEREIRA, Caio Mário da Silva. *Instituições de direito civil*: contratos. v. III. 11. ed. Rio de Janeiro: Forense, 2003.

PEROZZI, Silvio. Il Silenzio nella conclusione dei contratti. *Rivista di Diritto Commerciale*, 1906. p. 509-524.

PONTES DE MIRANDA, Francisco Cavalcanti. *Tratado de direito privado*: parte especial. t. XXXVIII. 3. ed. 2ª Reimpressão. São Paulo: Revista dos Tribunais, 1984.

————. *Tratado de direito privado*: parte geral. t. I. 4. ed. 2ª Tiragem. São Paulo: Revista dos Tribunais, 1983.

————. *Tratado de direito privado*: parte geral. t. II. 4. ed. 2ª Tiragem. São Paulo: Revista dos Tribunais, 1983.

RANELLETTI, Oreste. Il silenzio nei negozi giudidici. *Rivista italiana per le Scienze giuridiche*, vol. XIII, 1892. p. 1- ss. e vol. XII, 1891. p. 15.

RÁO, Vicente. *Ato jurídico*: noção, pressupostos, elementos essenciais e acidentais. O problema do conflito entre os elementos volitivos e a declaração. 4. ed. anot. rev. e atual. por Ovídio Rocha Barros Sandoval. São Paulo: Revista dos Tribunais, 1999.

REALE, Miguel. *Estudos preliminares do código civil*. São Paulo: Revista dos Tribunais, 2003.

RESCIGNO, Pietro. *Trattato di diritto privato*: obbligazioni e contratti. Vol. 10. Tomo secondo. Seconda edizioni. Ristampa. Tornio: UTET, 1996.

ROPPO, Enzo. *O contrato*. Tradução de Ana Coimbra e M. Januário C. Gomes. Coimbra: Almedina, 1988.

SANTOLIM, Cesar Viterbo Matos. Os princípios de proteção do consumidor e o comércio eletrônico no Direito brasileiro. *Revista de Direito do Consumidor*, n. 55, jul./set. 2005. p. 53-84.

SAVIGNY, M. F. C. de. *Traité de droit romain*. Traduit de l'Allemand par M. CH. Guenoux. Seconde Edition. Tome Troisiéme. Paris: Librairie de Firmin Didot Frères, 1856.

———. *System des heutigen Römischen Rechts*. Berlin: Veit und Comp., Dritter Bandes, 1840.

SERPA LOPES, Miguel Maria de. SERPA LOPES, Miguel Maria de. *Curso de Direito Civil*: fontes das obrigações: contratos. Vol. III. 6. ed. rev. e atualizada. Rio de Janeiro: Freitas Bastos, 1996.

———. *O silêncio como manifestação da vontade*. 3. ed. rev. e aum. Rio de Janeiro: Freitas Bastos, 1961.

STOLFI, Nicola. *Diritto civile*. 1. ed. Torino: Torinese, 1926.

SUMMER MAINE, Sir Henry. *Ancient law*: its connection with the early history of society and its relation to modern ideas – the early history of contract. Chapter 9. London: George Routledge & Sons, 1905. Disponível em http://socserv2.socsci.mcmaster.ca/~econ/ugcm/3ll3/maine/anclaw/index.html, acesso em 20/05/2006.

TEIXEIRA DE FREITAS, Augusto. *Código Civil Esbôço*. Vol. 1 e 3. Ministério da Justiça e Negócios Interiores: Serviço de Documentação, 1952.

TEPEDINO, Gustavo. Crise de fontes normativas e técnicas legislativa na parte geral do Código Civil de 2002 *in* TEPEDINO, Gustavo. (Org.) *A parte geral do novo código civil: estudos na perspectiva civil-constitucional*. 2. ed. ver. e atual. Rio de Janeiro: Renovar, 2003.

———. *Temas de direito civil*. 2. ed. Rio de Janeiro: Renovar, 2001. p. 01-22.

TEPEDINO, Gustavo; BARBOSA, Heloisa Helena e MORAES, Maria Celina Bodin de. *Código Civil interpretado conforme a Constituição da República*. Vol. II. Rio de Janeiro: Renovar, 2006.

VENOSA, Sílvio de Salvo. *Direito civil*: teoria geral das obrigações e teoria geral dos contratos. 7. ed. São Paulo: Atlas, 2007.

———. *Direito civil*: teoria geral das obrigações e teoria geral dos contratos. 2. ed. São Paulo: Atlas, 2002.

VIVANTE, Cesare. *Trattato di Diritto commerciale*: le obbligazioni (contratti e prescrizione). Volume IV. Quinta edizione riveduta ed ampliata. Milano: Casa Editrice Dottor Francesco Vallardi, 1935.

VON TUHR, Andreas. *Derecho civil*: teoria general del derecho civil aleman. t. II, vol. II. Buenos Aires: Depalma, 1946.

WIEACKER, Franz. *História do Direito privado moderno*. Trad. de A. M. Botelho Hespanha. 3. ed. Lisboa: Fundação Caluste Gulbenkian, 2004.

———. *El principio general de la buena fé*. Tradução de José Luis Carro. Madrid: Cuadernos Civitas, 1982.

Impressão:
Evangraf
Rua Waldomiro Schapke, 77 - P. Alegre, RS
Fone: (51) 3336.2466 - Fax: (51) 3336.0422
E-mail: evangraf.adm@terra.com.br